Johannes Schmidt, August Schleicher

Die Wurzel AK in Indogermanischen

Mit einem Vorwort von August Schleicher

Johannes Schmidt, August Schleicher

Die Wurzel AK in Indogermanischen
Mit einem Vorwort von August Schleicher

ISBN/EAN: 9783743666504

Hergestellt in Europa, USA, Kanada, Australien, Japan

Cover: Foto ©Thomas Meinert / pixelio.de

Weitere Bücher finden Sie auf **www.hansebooks.com**

DIE WURZEL AK

IM

INDOGERMANISCHEN.

VON

DR. JOHANNES SCHMIDT.

MIT EINEM VORWORTE

VON

AUGUST SCHLEICHER.

WEIMAR
HERMANN BÖHLAU
1865.

Vorwort.

Der erstlingsschrift eines schülers gibt man wol gerne ein wort mit auf den weg, nicht in der eitlen meinung, als könne man ir damit, wie mit einem empfehlungsbriefe, in der welt fort helfen und da und dort eingang verschaffen, sondern deshalb, weil an den anfangswerken des schülers der lerer nicht one anteil zu sein pflegt und weil es zu gerechter beurteilung solcher schriften nötig ist, daß man wiße, in welcher art und in wie weit der lerer auf die arbeit des schülers einfluß genommen hat. Auch pflegt den doctordissertationen eine vita bei gegeben zu werden, um den leser von dem studiengange und von sonstigen für die beurteilung wesentlichen verhältnissen des bisher in der gelerten welt unbekanten verfaßers in kentnis zu setzen. Zu disen beiden zwecken habe ich die nach stehenden zeilen geschrieben; villeicht knüpft sich an die darlegung der persönlichen verhältnisse noch diß und jenes an.

Der im jare 1843 zu Prenzlau geborene also noch ungewönlich junge verfaßer der vor ligenden schrift ward nach dem frühzeitig erfolgten tode beider eltern in Stettin und in Keilhau, an ersterem orte im hause seines oheims, des professors

Dr. K. E. A. Schmidt, erzogen. In Stettin besuchte er das
gymnasium. Nach dort ab gelegter maturitätsprüfung studierte
er philologie in Bonn. Zu Michaelis des jares 1862 kam er
hierher nach Jena. Hier widmete er sich bald fast außschließ-
lich der indogermanischen sprachwißenschaft. Mit der Zeit
nam ich auf die privatstudien des Hrn. Schmidt einfluß. Zunächst wurden die älteren vertreter der indogermanischen
sprachfamilien vor genommen. Mir als 'empirischem glottiker'
steht fest, daß ein tüchtiges sprachliches wißen allein eine
sichere grundlage sprachwißenschaftlicher studien zu gewären
vermag und daß man also vor allem darnach zu streben habe,
sich mit den sprachen, welche man zum gegenstande der forschung auß ersehen hat, so vil als nur möglich vertraut zu
machen. Nur auf grundlage eines soliden positiven wißens
kann etwas tüchtiges in unserer disciplin geleistet werden.
Didicisse juvat. Wer also der indogermanischen sprachwißenschaft sich widmen will, der muß vor allem die sämtlichen
älteren indogermanischen sprachen gründlich studieren, texte
in inen lesen u. s. f. Wer einige von inen bei seite läßt, in
der meinung, auf sie komme es weniger an, der wird diß
später gewiss zu bereuen haben. Besonders das Deutsche,
Slawische und Litauische zog Hrn. Schmidt an. Bei meiner
außgabe des Donaleitis legte er mit hand an, wodurch er mit
dem Litauischen vertraut ward. Auß diser zeit stammen einige
arbeiten (über das futurum im Altbulgarischen, über das suffix
des dat. pluralis-*bhjams*, über die adjectiva auf -*u* im Litauischen), welche im IVten bande der Beiträge ab gedrukt sind.
Im Indogermanischen, besonders aber im Deutschen, studiert
Hr. Schmidt eifrig weiter und macht sich der selbe nunmer
auch einiger maßen mit nichtindogermanischen sprachen bekant.

Dise richtung der studien hatte die wal der academischen
laufban zur notwendigen folge. Um sich habilitieren zu können, muß man promoviert haben, und zwar besteht auf manchen

universitäten das gesetz, daß man erst dann zur habilitation zu gelaßen wird, wenn man seit einigen jaren nicht mer student ist. Herr Schmidt wünschte also seinen studentenjaren, nicht aber seinen studien, durch die promotion einen abschluß zu geben, um später freie hand für die habilitation zu haben. Er besprach sich mit mir über ein thema für die inauguraldissertation. Ich gestehe nun, daß ich damals, als ich Hrn. Schmidts lange schwankende wal auf eine bearbeitung der wurzel *ak* oder der wurzel *kru* (leztere hätte natürlich ungleich weniger schwirigkeiten geboten) im indogermanischen zu lenken suchte, vor allem didactische zwecke im auge hatte. Hr. S. hatte sich seither mer mit den sprachen selbst, als mit der wißenschaftlichen bearbeitung der selben beschäftigt. Außer meinem compendium hatte er damals die eigentlich 'sprachvergleichenden' werke noch weniger studiert. Die verfolgung einer weit verzweigten wurzel unseres sprachstammes muste zur bekantschaft mit unseren hauptsächlichsten handbüchern füren. Hr. S. muste bei diser gelegenheit lernen, wie man, so zu sagen, mit unserem handwerkszeuge zu arbeiten habe und welcher art das selbe sei. Ich sah es aber noch auß einem anderen grunde gerne, daß Hr. S. sich zu einer etymologischen untersuchung entschloß. Um es gerade herauß zu sagen, freute ich mich diser wal deshalb, weil ich hoffen durfte, daß gleich dise erste arbeit den verfaßer mit der gehörigen scheu vor der etymologie erfüllen werde. Dise hofnung ist denn auch volständig in erfüllung gegangen. Warum ich es aber für vorteilhaft halte, einen an gehenden glottiker von der etymologischen richtung ferne zu halten, diß muß ich denn doch wol einiger maßen zu begründen suchen, da ja nicht selten die etymologie gerade als die hauptsächlichste aufgabe der glottik betrachtet wird.

Wißenschaftlichen wert hat in einer erfarungswißenschaft — und eine solche ist die glottik so gut als jede andere na-

turwißenschaft — nur das, was man objectiv wirklich war nimt
oder auf grund sicher gestelter tatsachen erschließen kann,
kurz, das was man weiß, nicht das, was man nur subjectiv
vermutet, aber nicht beweisen kann. Leider aber ist, vor der
hand wenigstens, in etymologischen fragen ser oft nur die vermutung, nicht aber der beweis möglich. Beispile hierfür
lifert die nachstehende arbeit mer als dem verfaßer und mir
lieb ist, trotz dem daß Hr. Schmidt eine menge dunkeler und
zweifelhafter worte bei der außarbeitung des vorläufig gesam-
melten materials bei seite geworfen hat. Bei dem versuche
gegebene worte etymologisch zu deuten verfält man nur zu
leicht in den feler die subjective vermutung zu überschätzen
und an einem geistreichen spile gefallen zu finden, das mit
wißenschaftlichkeit nichts gemein hat: denn bis jezt felen
noch zum grösten teile die wißenschaftlichen erkentnisse,
welche für eine sichere handhabung der etymologie unerläßlich
sind. Klar sind wir im Indogermanischen am meisten in betreff der wortbildung (declinations- und conjugationsformen);
in der lautlere sind zwar zalreiche gesetze bis jezt ermittelt,
doch bleibt hier noch ser vil zu tun übrig. Noch weniger aufs
reine gebracht ist die lere von der stambildung, schon auß
dem grunde, weil hier die eigentlich etymologische frage, die
frage nach der wurzel, mit ein greift. Die schwirige lere von
den wurzeln des Indogermanischen ist aber zur zeit kaum in
iren umrißen fest gestelt, vor allem tut not eine sorgfältige
erforschung der wurzelformen des Indogermanischen. Man wird
hierbei von den bereits sicher zerlegten worten anß zu gehen
haben, um von disen auß weiter in die dunkelen gebiete vor
zu schreiten. Schon der ermittelung der wurzelformen stellen
sich schwirigkeiten mancherlei art in den weg. Wie verhält
es sich z. b. mit altindisch *ks'atra* und *ks'atrija* neben wurzel
ks'i, mit deutsch *hrô-m*, *hruo-m* neben wurzel *kru* u. s. f.?
Treten in einer und der selben wurzel die wurzelvocale auß

der *a*-reihe in die *i*- und *u*-reihe oder um gekert, ist *j* und *v* neben dem steigernden *a* geschwunden, oder haben wir von vorn herein verschidene änliche wurzeln an zu nemen? Woher stammen die so genanten wurzeldeterminative? Sind sie durchweg reste von ursprünglichen stambildungssuffixen, oder weisen sie, teilweise wenigstens, nicht vilmer auf zusammensetzung zweier coordinierter wurzeln hin, wie solche in den sprachen einfachsten baues so häufig vor kommen? Dise und andere fragen müßen erst erörtert und erledigt sein, ehe man auch nur in morphologischer beziehung der aufgabe des etymologen wird gerecht werden können. Und nun vollends die functionslere, die lere von der grundbedeutung der wurzeln und der abänderung der bedeutung überhaupt im lebensverlaufe der sprache — hier herscht noch völlige unsicherheit und methodelosigkeit. Wie leicht laßen sich meist bedeutungen vorauß setzen und bedeutungsübergänge vermuten, wie schwer sind sie häufig als wirklich zu treffend nach zu weisen. In der bedeutungslere ist noch fast gar nichts von objectiv giltigen gesetzen ermittelt, jeder verfärt hier nach seinem gutdünken.

Und ferner, sind denn alle worte der indogermanischen sprachen wirklich indogermanisch? Ist es nicht höchst warscheinlich, ist es nicht teilweise geradezu erwisen, daß die Indogermanen sich über bereits bevölkerte landstriche auß breiteten und dann one zweifel von den durch sie verdrängten oder indogermanisierten stämmen worte in ire sprache herüber namen? Die reste des steinzeitalters auf indogermanischem sprachgebiete in Europa, die nicht von Indogermanen her rüren können (denn die bekantschaft mit metall läßt sich bei den Indogermanen schon für die zeit nach weisen, als sie noch als ein volk in irer innerasiatischen heimat weilten), sprechen entschiden ebenso für die vermutung, daß sich die Indogermanen auf kosten anderer völker auß breiteten, als die warscheinlichkeit der anname, daß es in der urzeit vil mer sprachen ge-

geben habe als später, von denen die meisten durch wenige
sich weit auß breitende sprachgeschlechter iren untergang fanden.
Solte nicht auß disen unter gegangenen sprachen eine
anzal jener worte stammen, die in den indogermanischen
sprachen glottischen reagentien gegenüber sich als unlöslich
zeigen und bei nüchternen etymologischen forschungen als sentina
zurück bleiben, obschon sie bisweilen gar nichts unindogermanisches
an sich zu tragen scheinen? Werden wir aber
je im stande sein dergleichen urälteste lenworte mit einiger
sicherheit zu ermitteln? Kurz, die anforderung, jedes vor gelegte
wort einer indogermanischen sprache in seine elemente
bis zur wurzel zu zerlegen und in seiner entstehung und grundbedeutung
nach zu weisen, sezt eine stufe der vollendung der
indogermanischen sprachwißenschaft vorauß, von deren erreichung
dise noch weit entfernt ist. Auf die gefar hin als
glottischer know-nothing verschrien zu werden, stehe ich nicht
an meine überzeugung dahin auß zu sprechen, daß wir vor
der hand die etymologie nicht als eine aufgabe der glottik zu
betrachten haben; denn wer jezt schon auf etymologie auß
geht, kann sicher sein, daß er sich in dilettantische wilkür
verlaufen wird. Warlich, und wenn sprachwißenschaftliche
vorlesungen auf universitäten auch keine andere wirkung hätten
als die, künftige gymnasiallerer vor jener widerlichen etymologischen
alwißerei zu bewaren, mit welcher nicht selten
einzelne lerer philologischer disciplinen irer schüler zeit und
geist tot schlagen, man würde schon deshalb nicht sagen können,
die glottik sei 'überflüßig'. Etwas anderes als mit dem
gefließentlichen außgehen auf etymologische 'deutungen ist es
mit den worterklärungen, die sich bei ermittelung des wesens
und der gesetze des sprachbaues ergeben; doch auch hier wird
in vilen fällen, wenn auch der bau der worte und die grundform
der wurzeln klar vor ligt, die grundbedeutung der selben
nicht mit sicherheit fest zu stellen sein.

Wenden wir also im Indogermanischen unsere tätigkeit auf die genauere erforschung der gesetze in den lauten und bildungen der sprache, unbekümmert darum, ob hierdurch zunächst vile oder wenige worte etymologisch klar werden oder nicht; halten wir uns aber ferne von der anmaßlichen einbildung, wir könten auf die frage 'wo komt das wort her' stäts mit einer antwort dienen.

Im vorstehenden habe ich eigentlich nur den eindrücken worte verlihen, welche die nach stehende untersuchung bei mir hervor gerufen hat, und deshalb habe ich mir auch gestattet diß gerade bei der veröffentlichung der selben auß zu sprechen.

Auf die außarbeitung der nummer vor ligenden abhandlung Dr. Schmidts habe ich natürlich keinen einfluß genommen. Daß hier und da einzelne puncte zwischen uns zur sprache kamen, versteht sich; doch habe ich die arbeit selbst erst dann zu gesichte bekommen, nachdem auf grund der selben der amplissimus ordo philosophorum hiesiger hochschule (dessen mitglid ich nicht bin) die zulaßung des candidaten zur doctorprüfung auß gesprochen hatte. Zu diser ward ich dann außnamsweise zu gezogen. Nachdem die arbeit so iren nächsten zweck erfült hatte, las ich die selbe und sie schin mir als fleißige zusammenstellung und besonders auch wegen der methodischen anordnung und behandlung des stoffes der veröffentlichung durch den druck nicht unwert zu sein. Vor dem drucke las mir Hr. S. sein manuscript vor und wir giengen es so mit einander durch. Hierbei kann ich manches überhört haben, auch ließ ich natürlich manches unangefochten, was ich selbst so nicht geschriben haben würde, denn es handelte sich ja nicht um eine arbeit von mir. In gar vilen puncten konte auch ich zu keinem entschidenen urteile gelangen; auf etymologischem gebiete ist eben viles noch dunkel und zweifelhaft, in manchem wird es wol kaum je zu sicherer erkentnis kommen. Ich bitte also durchauß nicht alles, was in der arbeit gesagt ist, als meine ansicht zu betrachten.

Hiermit wäre wol das nötige über den verfaßer und die entstehung diser erstlingsschrift gesagt.

Jena im winter 1864.

August Schleicher.

Wie groß auch die erfolge sind, welche die sprachwißenschaft in der kurzen zeit ires bestehens errungen hat, ein gebiet hat sie noch fast unbebaut gelaßen, die functions- oder bedeutungslere. Dise genau zu ermitteln ist eine wichtige und große aufgabe für die zukunft unserer disciplin, welche sie erst dann lösen kann, wenn alle oder doch die hauptsächlichsten indogermanischen wortfamilien (d. h. die wortsippen, welche von einer gemeinsamen wurzel ab stammen) ein gehend untersucht und bei jeder einzelnen der entwickelungsgang fest gestelt sein wird, den die bedeutung der je zu grunde ligenden wurzel durchmeßen hat.

In der vor ligenden abhandlung beabsichtige ich zur lösung diser aufgabe einen hoffentlich nicht ganz verfelten kleinen beitrag zu lifern, indem ich die glider einer wichtigen und auß gedenten wortfamilie zu ermitteln und ire gegenseitige verwantschaft fest zu stellen versuche. Die wurzel AK mit iren abkömlingen soll der gegenstand nach folgender untersuchung sein.

Jede wurzel muß, wie sie lautlich weniger determiniert ist als die einzelnen ir entsprießenden worte, in eben dem grade auch einen unbestimteren, algemeineren geistigen gehalt haben als dise. Denn form und inhalt, laut und gedanke sind so untrenbar verbunden, daß keine diser beiden seiten verändert werden kann, one die andere mit sich zu reißen. Algemein muß also die bedeutung einer wurzel sein, aber nicht abstract. Denn zur zeit, da der mensch die sprache schuf,

d. h. als er an fieng zu denken und so erst zum selbstbewustsein kam, war er durchauß sinlich und nur für äußere eindrücke empfänglich. Seine gedanken und deren außdruck erstrekten sich daher nicht über den kreiß des sinfälligen hinauß. Die worte also, welche die erste äußerung des sprachbildenden geistes waren und der ferneren entwickelung der sprache als wurzeln zu grunde ligen, müßen irer natur nach eine zugleich algemeine und sinlich anschauliche bedeutung haben. Dise beiden bedingungen sehen wir auch in unserer wurzel AK realisiert, sie enthält den begriff der schärfe, welcher in iren nachkommen mannigfach entwickelt, zum teil auch verdunkelt erscheint.

Doch betrachten wir dise selbst, nachdem wir uns über die art klar geworden sind, wie sie am passendsten, d. h. am meisten irer natur entsprechend, an geordnet werden müßen.

Das wort bietet der betrachtung vor allem zwei seiten dar, die lautform und die function, welche, wie körper und geist in der natur, nie gesondert von einander erscheinen, auch in wirklichkeit one beiderseitige vernichtung nicht zu sondern sind. Der wißenschaftlichen betrachtung ist es indessen gestattet dise sonderung vor zu nemen, und sie volzieht dieselbe ja tagtäglich mit dem klaren bewustsein, hierin zwar von der natur ab zu weichen, dadurch aber die erkentnis des gegenstandes zu erleichtern. Dise zwei seiten treten also auch bei der behandlung einer wortsippe hervor und erheben beide gleichmäßigen anspruch auf berüksichtigung. In der anordnung unseres stoffes glaubten wir nun der form den vorrang ein räumen zu müßen, hauptsächlich weil sie klarer erkenbar ist und ire entwickelungsgesetze schon zum großen teile ermittelt sind, wärend man in der bedeutungslere auß mangel algemeinerer gesichtspuncte oft noch im dunkeln tasten muß.

Ehe ich aber die stämme in betracht ziehe, denen die wurzel AK zu grunde ligt, will ich die verschidenen lautlichen gestaltungen der wurzel selbst mustern.

I. Abschnitt.
Wurzelformen.*)
A. Die reine wurzel.
a. AK.

Die wurzel *ak*, als deren grundbedeutung sich auß den etymologisch volständig durchsichtigen worten 'scharf sein' ergibt, besteht auß *a*, dem wandelbarsten aller vocale, und *k*, dem unstätesten aller consonanten. Es darf uns daher nicht wunder nemen, wenn sie in den mannigfaltigsten gestalten auf tritt.

Die indischen grammatiker füren sie in irer primären (nicht verdoppelten und nicht vermerten) gestalt als verbalwurzel *çô* auf. Man hat aber längst erkant, daß dise form, wie alle wurzeln mit diphthongischem außlaute, welche die indische grammatik an nimt, keine realität hat, sondern daß dise laute nur zur symbolischen bezeichnung gewisser conjugationseigentümlichkeiten gebildet sind. Man hat daher schon

---

*) Die folgenden zusammenstellungen der verschidenen wurzelformen sind das ergebnis der im zweiten abschnitte enthaltenen einzeluntersuchungen. Die worte sind daher meist one weitere begründung auf gefürt; dise folgt erst im zweiten abschnitte. Auch umfaßt dise zusammenstellung nicht alle einzelnen worte, welche von unserer wurzel ab stammen; um eine übersicht der vor ligenden wurzelformen zu geben sind für jede der kürze halber nur einige belege verzeichnet, durch welche ir vorkommen sicher gestelt wird. Auch in betreff der volständigkeit des materials verweise ich also auf den zweiten teil.

richtiger ça als wurzelform an gesezt, vgl. Aufrecht ztsch. I, 472; Bopp kl. sk.-gr. 3. ausg. § 353 u. 354. Endlich hat Schleicher beitr. II, 96 und L. Meyer vergl. gr. I, 337 nach gewisen, daß auch â keinen anspruch hat in wurzeln zu stehen, daß vilmer in den betreffenden wurzeln ă grundvocal ist. Somit erhielten wir ça oder, da wurzeln, welche auß der verbindung eines consonanten mit a bestehen, ebensowol in der form a + consonant als consonant + a erscheinen, aç. Aber ç ist im sanskrit, wo es nicht secundären lautgesetzen seine entstehung verdankt (wie in çvaçuras für *svaçuras durch assimilation des s an das folgende ç u. a.), auß k entstanden, und als indogermanische form unserer wurzel wäre also ak, ka an zu setzen.

1. Im sanskrit finden wir nun folgende erscheinungsformen.*)

ak: in ak-a-m schmerz, ak-ra-s rasch, ungestüm, ak-tu-s liecht, stral. Gegen die anname einer erweichung von k zu g in ag-ra-m spitze, welches Bopp III, 386 anm. und Curtius g. c. II, 31 hierher setzen, hat schon Schweizer ztsch. III, 376 bedenken erhoben. Das suffix-ra findet sich öfter in passivischer function, z. b. in δῶ-ρο-ν das gegebene, sac-ru-m das geweihte (sancire), τέφ-ρα das gebrante (sk. tap) κυδ-ρό ς gerümt, ἐχϑ ρό-ς verhaßt, ἄλευ-ρο ν weizenmel (ἀλέω) u. a.; ich erkläre daher ag-ra-m als das getribene (ag', agere, ἄγειν) und trenne es von unserer wurzel.

aç: in aç-nô-ti, aç-nu-tê er erlangt**), aç-an (nom. sg. açâ) schleuderstein, aç-man (nom. sg. açmâ) stein, aç-va-s pferd u a.

---

*) Im folgenden habe ich die nomina mit vocalischem außlaute im nom. sg. an gefürt und zwar die adjectiva im nom. sg. masc, die consonantisch außlautenden im reinen stamme und im nom. sg.

**) Curtius g. e. I, 92 will auch aç, aç-nâ-ti eßen mit aç erlangen verbinden, indem er auf einige fälle verweist, in welchen der begriff des eßens auß dem des zu geteilt bekommens hervor geht: δαίς, vgl. δαίω; δεῖπνον, vgl. δαπάνη, skr. dâpajâmi; ϕαγεῖν, vgl. skr. bhag' auß teilen. Mir scheint jedoch die analogie keineswegs so zwingend, daß sie zu einer gleichsetzung der beiden wurzeln aç nötigt. In anderer weise sucht Ebel ztsch. VII, 226 die

A. Die reine wurzel.

Ferner ist die wurzel *ak* in *ç-ja-ti* acuere Westerg. radd. p. 84 enthalten. Das an lautende *a* ist geschwunden, wie in *s-anti s-unt* für **as-anti, s-ja-ti* in *vj-ava-s-ja-ti* decernit für **as-ja-ti* u. a., vgl. Schleicher comp. s. 17. Zu
âç gesteigert erscheint die wurzel in *âç-u̯-s*, schnell, welches mit Benfey gloss. s. 182 zu *çu, çav-as* stärke, zu stellen lat. *ocior*, gr. ὠκύς verbieten; *âç is* f. (nom. sg. *âçis*) schlangenzan.

Durch wandlung des ursprünglichen *k* zu *p* entsteht *ap'* waßer, welches in der classischen sprache nur im plural *âp-as* vor komt. Pott. et. f. I, 188 und Benfey gr. wzlex. II, 74 stellen es zu *pa* trinken, dessen *p* sich durch πιεῖν und lat. *po-tus* als ursprünglich erweist. Daß aber unserem worte die wurzel *ak* zu grunde ligt, ergibt sich auß *aqu-a*, got. *ahv-a*, mit denen man es auch zusammen zu stellen pflegt.

2. Im altbaktrischen finden sich die selben wurzelformen wie im sanskrit: *ak. aç, âç, ap.*

ak: in *ak-e-m* dolor, *ak-u-s* spitze.

aç: in *aç*, praes. *as'-naoi-ti* pénétrer, occuper, *aç-pô* equus, *aç-man* (nom. *açmâ-k'a*) coelum, *aç-an* (nom. *açâ-k'a*) stein, wurfgeschoß.

âç: in *âç-u-s* rapidus, celer, acer.

ap: in *ap* (nom. sg. *âfs*, acc. *âpem*, gen. *apaç-k'a*) aqua, dessen *p* in *âberetô* waßerträger (so schreibt Bopp I, 75, Justi fürt es als *âberet* auf, und diß scheint nach seinen belegstellen allerdings das richtige zu sein), villeicht dem folgenden *b* assimiliert ist.

3. Im griechischen tritt eine bunte mannigfaltigkeit zu tage: ἀκ, ἀχ, ὀκ, ὠκ, ἰκ, ἀπ, ὀπ, ὠπ, ἰπ.

---

beiden wurzeln durch den begriff des beißens zu vermitteln. Doch scheint diser bedeutungsübergang alzu gekünstelt. Auß der lautlichen gleichheit der wurzeln folgt ja noch nicht mit notwendigkeit ire identität; finden sich doch gleich lautende und trotz dem völlig verschidene wurzeln neben einander, z. b. skr. *as* sein, *as* werfen; *pa* schützen, *pa* trinken; *gan* kennen, *gan* geboren werden u. a.

ἀκ: in ἄκ-ρο-ς, ἀκ-οντ- (nom. sg. ἄκων), ἀκ-μον- (nom. sg. ἄκμων), ἀκ-μή, ἀκ-ή, ἀκ-οστή u. s. w.

Daß im griechischen die tenuis zur aspirata wird, besonders durch einfluß 1) einer folgenden liquida oder eines nasals, 2) eines vorher gehenden sibilanten, 3) eines vorher gehenden nasals haben Schleicher comp. s. 713, nachtr. zu s. 189 und außfürlicher Curtius g. e. II, 82—100 nach gewisen. So erscheint auch die wurzel *ak* unter den genanten bedingungen als ἀχ z. b. in ἄχ-νη, αἰχ-μή, welches doch wol von unserer wurzel nicht zu trennen ist. Wie der diphthong zu erklären sei, ob durch anname einer mischung der *a-* und *i-*reihe oder durch die eines überschlagens des ι über das κ, ist mir noch unentschieden.

In der form ἐχ glaubt Pott e. f. I, 143 fälschlich unsere wurzel zu finden in ἐχῖνος, welches nebst den entsprechenden lit. *ežy's*, slaw. *ježi*, ahd. *ikil* auf ursprüngliches *gh* weist. Anders Benf. I, 217.

ὀκ: ὀκ-ρι-ς. Zu ὠκ gesteigert erscheint sie in ὠκ-ύ-ς, Ὠκ-εανός. Ὠγυγία, welches Benf. I, 161 mit Ὠκεανός verbindet, ist wegen des γ von im zu trennen.

Durch schwächung des α zu ι entsteht ἰκ: ἴκκος (auß *ἰκ-ϝο-ς), nebenform von ἵππος; ἴκ-ρ-ια.

Auch die form ἀπ findet sich, wie ich wenigstens vermute, in: ἡ ἄπ-ιο-ς 1) birne, 2) eine art wolfsmilch. Das gemeinsame beider bedeutungen ligt möglicher weise im begriffe des saftigen, wäßrigen, und man kann vergleichen skr. *ap* waßer, *ap-ja-s* im waßer befindlich. Die Benfeysche erklärung (gr. wz. I, 126) von ἄπιος für *ἄπισος = *pirus*, wz. *pis* zermalmen, wonach ἄπιος die melige frucht sein soll, kann ich unmöglich billigen.

Ferner haben schon Pott e. f. II, 43 und Curtius g. e. II, 57 hierher gestelt: Μεσσ-άπ-ιοι 'die zwischen zwei gewäßern ligenden', den flußnamen Ἀπι-δανό-ς 'waßerspender' und den alten namen des Peloponnes γῆ Ἀπ-ία, welchen Pott scharfsinnig mit dem späteren slawischen *Morea* (von *more* mer) vergleicht. Er hätte hierzu als stütze das skr. *ap-ja-s* im waßer befindlich bei bringen können, vgl. Curtius a. a. o. So erklärt auch Curtius das homerische ἐξ ἀπίης γαίης 'auß überseeischem lande'.

Zalreich vertreten ist die form ὀπ: ὀπ-ή, ὀπ-ι-ς, ὄψις d. i. *ὄπ-τι-ς, ὄψομαι u. a.

In ὄβδην ist das π durch nach folgendes δ erweicht, in ὄψις, für *ὄπ-ϝι-ς, durch folgendes ϝ aspiriert.

Zu ὠπ gesteigert ist die wurzel in ὠπ- (nom. sg. ὤψ), ὠπ-ή, ὠπ-ά-ομαι, ἄνϑρ-ωπ-ο-ς.

Endlich ist sie zu ἰπ geschwächt in ἵππος, nebenform von ἴππος, und ἰπ-νό-ς.

4. Weit weniger abwechselung als das griechische bietet das lateinische vermöge seines starreren vocalismus. Wir haben: *ac, aqu, ec, oc.*

ac: in *ac-er, ac-ie-s, ac-u-s, ac-ēre, aquila,* d. i. *ac-vi-la,* u. a. Durch einfluß des folgenden *n* hat sich *c* zu *g* erweicht in *ag-na* ähre; vgl. Aufrecht ztsch. I, 354.

Häufig erzeugt sich nach einem guttural im lateinischen und deutschen ein unursprüngliches *v*, ein vorgang, welcher algemein an erkant ist; vgl. Schleicher comp. s. 194. 197, 199. Nicht ist deswegen für die ursprache in disen fällen *kv, gv, ghv* an zu setzen, wie L. Meyer will (vergl. gr. I, 29 f.). Wäre wirklich z. b. für das von im an geführte *k'atvar* die grundform *kratrar*, warum hätte dann das litauische *keturì*, nicht *kveturi*, dasslawische *četyrije*, nicht *kvetyrije* oder *cvetyrije*, da in beiden sprachen der anlaut *kv* ser häufig ist, wie jedes lexicon lert? Ferner sehen wir auch das *v* so zu sagen vor unseren augen entstehen, z. b. in den entlenten deutschen worten *quitte* und *coloquinte* = *cydonia* und κολοκυνϑίς. Wenn also auch unsere wurzel als *aqu* erscheint, so werden wir deshalb nicht genötigt sein ire grundform als *akv* an zu setzen. Es zeigt sich *aqu* in: *aqu-a, Aqu-înu-m.*

ec: *equus*, d. i. *ec-ru-s*, grundform *ak-va-s*.

Fälschlich hat man *ecce* hierher gestelt, indem man es meist für einen imperativ von *iks'* sehen gehalten hat (vgl. Pott e. f. II, 138; Diefenbach got. wb. s. 53; Curtius ztsch.

VI, 92; L. Meyer, vgl. gr. I, 113). Benfey I, 235 sezt *ecc* = *aks'* und hält *ecce* für das participium von *aks'* (welches?). Nun hat aber Corssen außspr. I, 106 erwisen, daß *ecce* auß **en-ce* entstanden; *en* hält er für einen locativ des pronominalstammes *i* (a. a. o. II, 88).

oc: oc-ca, oc-ri-s, oc-ior, oc-ulu-s u. a.

Wenn Corssen krit. beitr. 252 ff. *imitari*, *aemulus* auß **ic-mitari*, **aec-mulus* erklärt, so ist diß lautlich ser wol möglich. Die weitere zurükfürung diser worte auf eine wurzel *ak* müste jedoch erst noch genauer begründet werden. Läge hier auch wirklich eine mischung zweier vocalreihen vor, wisen also *aemulus* und *imitari* auf eine wurzel *ak*, so wäre ich dann doch geneigt wegen der gänzlich ab weichenden bedeutung in disem *ak* eine von unserer wurzel verschidene an zu nemen.

Das lateinische ist die einzige indogermanische sprache, welche die gutturalen (abgesehen von der erwähnten beimischung des *v*, welches später den guttural oft ganz verdrängt) rein erhält. Wir müßen daher von vorn herein alle etymologien ab weisen, welche der sprache einen übergang von *k* in *p* zu muten.*) Nicht gehören also zur wurzel *ak* die von Tobler (ztsch. IX, 26) ir vindicierten *optare*, *optimus*, auch nicht *apex*, *apisci*, *aptus* (Goebel ztsch. X, 397 ff.), welches leztere von Aufrecht (ztsch. V, 362 ff.) schon längst richtig erklärt ist; ebensowenig das von Benfey (I, 228) hierher gezogene *opinari*; und wenn lezterer (II, 310) gar *ripa* als *ad-îpa* 'am waßer', *îpa* = skr. *ap* erklärt, so bedarf diß weiter keiner widerlegung.

Im oskischen dagegen entspricht *p* oft ursprünglichem *k*, und es mögen daher einige hierher gehörige oskische formen an gefürt werden: *Ap-iola*, *Ap-uli*, *Ap-ina*.

---

*) Ueber die von Corssen außspr. I, 54 dagegen auf gestelten instanzen vgl. Schleicher comp. s. 195 anm. 2. Curtius g. e II, 52, 56 fürt noch drei neue entsprechungen von lat. *p* und urspr. *k* an: *saepio*, σῆκος; *sapio*, *sucus*; *trepit*, *torqueo*. Solten dise zusammenstellungen auch richtig sein, was wir jedoch teilweise bezweifeln, so würde man nur auf sie gestüzt schwerlich fernere übergänge der art statuieren dürfen. Ueber *lupus* s. ztsch. XIII, 366.

5. Das kirchenslawische wird noch eintöniger, es bietet uns nur *ok (oč)* und *os*.

ok: *ok-es-* (nom. sg. *oko*) ὀφϑαλμός, *ok-no* ϑυρίς, *ok-ŭnĭ-ce* dass., *oč-ĭko* neuma, *oč-ĭce* ῥοά, *oč-itŭ* manifestus.

os: *os-la* ἀκόνη, *os-t-rŭ* ὀξύς, *os-tĭ* ἄξων u. a.

6. Reichere entfaltung zeigt sich wider im litanischen: *ak, ek, asz, esz, up*.

ak: *ak-ì-s* auge, *ák-a-s* wuhne, loch im eise, *ák-la-s* blind, *ak-men-* (nom. sg. *ak-mů'*) stein u. a.

ek: *ek-ė-tė́* wuhne, *ap-jenk-ù, -jèkti* blind werden (mit vorschlag eines *j*, vgl. Schleicher comp. § 101, 5, s. 123). Mit Szyrwid *api-akinu* statt *ap-jenkinu* (blende) zu teilen, ist falsch, da die praeposition *apė́* vor verben, deren anlaut nicht *p* ist, nur als *ap* erscheint, vor disen allerdings sich als *api* erhalten hat; vgl. Schleicher lit. gr. § 57, s. 133.

asz: *asz-t-rù-s* scharf, *asz-men-* (nom. sg. *asz-mů'*) schärfe, *asz-và* stute u. a.

esz: *ész-ma-s* bratspieß, gewönlich mit umschlag in die *i*-reihe und beliebtem vorschlage des *j* im anlaute *jësz-ma-s*.

up: *ùp-ė* fluß.

7. Im gotischen haben wir: *ah, ahv, aíh, aúh, aq*.

ah: *ah-an-* (nom. sg. *ah-a*) sinn, verstand, *ah-man-* (nom. sg. *ah-ma*) geist, *ah-ana* spreu, *ah-s-a-* (nom. *ahs*) ähre u. a.

ahv: Wie im lateinischen *aqu-a*, so ist auch im gotischen *ahv-a* dem guttural ein *v* entsproßen.

aíh: nur in dem auß *aíhva-tundi* dornstrauch erschloßenen *aíh-v-s* pferd Gr. I³, 52. Unmöglich kann ich mich bereden mit Bopp (I, 236) *saíhvan* sehen hierher zu ziehen, weil die dort auf gestelte hypothese, *saíhran* sei das skr. *sam-íks'*, jeder stütze entbert. Anders erklären diß wort Grimm gesch. 409, Aufrecht ztsch. I, 352, L. Meyer or. u. occ. II, 284, 290.

aúh: *aúh-n-s* ofen, *aúh-uman-* (nom. *auhuma*) erhaben, höher. Unverschobenhat sich das *k* in *aq-izi* axt erhalten.

Auß dem althochdeutschen mögen nur die im gotischen nicht vertretenen *eg-jan* eggen und *ekka* d. i. *ek-ja ecke hier platz finden.

b. KA.

Schon oben war an gedeutet worden, daß die wurzeln, welche auß einem consonanten und *a* bestehen, eben so wol in der form *a* + consonant, als consonant + *a* erscheinen, z. b. *ad, da* (*da-nt-* dens) edere, *as, sa* to destroy; *ak'h, k'ha* zerschneiden; s. Schleicher beitr. II, 96; comp. s. 287 f. So tritt auch unsere wurzel in allen indogermanischen sprachen als *ka* auf; nur im altbaktrischen kann ich sie nicht nach weisen. Benfey (I, 156) nimt in *çi, çu, ça* abfall eines an lautenden *a* an und hält die vocale *i, u, a* für bezeichnungen der conjugationsclassen. Dem widerspricht schon, daß *çi* die praesensbildung mittels *nu* hat *(çi-nô-ti)*.

1. Im sanskrit treten auf *çâ, çi*.

çâ: çâ-ta-s sharp, *çâ-na-s* grindstone, *çâ-sja-ti* fut. zu *ç-ja-ti*.

çi*): çi-nô-ti, çi-nu-tê to whet, *çi-ta-s* whetted. Hier ligt eine offenbare mischung der *a*-reihe mit der *i*-reihe vor, wie z. b. das perf. *çi-çâj-a* erweist. Wegen der congruierenden bedeutungen und sonstigen gleichheit der wurzeln wird man *çi* wol kaum von *aç, ça* trennen wollen, obwol die mischung der vocalreihen befremden mag. Dise erscheinung in irem ganzen umfange zu erörtern habe ich für eine spätere untersuchung auf gespart. Ich will hier nur wenige sichere beispile im vorauß mit teilen. So findet sich Arg'una 4, 30 *pâitâmaha-s* avitus von *pitâmaha-s* avus paternus (wz. *pa*). Ferner leiten B.-R. *ks'atra-m* herschaft von *ks'i* herschen. Es haben disen umschlag in die *i*-reihe noch folgende unserer wurzel an gehörige worte: lit. *kĕtas* hart, altnord. *hein* wezstein, lat. *ciêre*, griech. *κίνυμαι*, villeicht auch *αἰχμή* und *αἰκλοι*.

2. Im griechischen haben wir *κα, κω, κι*.

κα: κά-μινο-ς ofen.

κω: κώ-νο-ς zapfen.

---

*) Wenn Pott (I, 231) in dem scharfen zischlaut *ç* verbunden mit *i*, dem schneidensten aller vocale, eine symbolische bezeichnung der schärfe sucht, so geht er wol zu weit, da ja *çi* sich erst auß *ak, ka* entwickelt hat.

A. Die reine wurzel. 11

κι: κί-νυ-μαι bewege mich *(κί-νυ-ται =* sk. *çi-nu-tê).*

Auch die form *κυ* hat man dem griechischen vindicieren wollen in *πέλε-κυ-ς* = sk. *para-çu-s* an axe, a hatchet; Bopp gl. s. v.; Pott I, 231; Benf. I, 164. Aber die glosse *πέλεκρα ἀξίνη* Hes. beweist, daß das *υ* nicht zur wurzel gehört, sondern nur suffix ist. Curtius (I, 133) gibt eine warscheinlichere erklärung von *πέλεκυς*. Aber auch das sk. *paraç-u-s* darf man nicht zu unserer wurzel ziehen wegen der nebenform *parç-u-s*, welche die Pottsche erklärung 'ulteriorem (longiorem?) an praecipuam aciem habens' erschüttert und *parç* als wurzel erscheinen läßt.

3. Das lateinische bietet *ca, co, ci, cu*.

ca: ca-tu-s scharf, schlau. Gegen die Benfeysche erklärung von *sĕcare* als *sed-ca-re* 'für sich *(sêd)* schärfen, abschneiden' spricht schon die kürze des *e*. Andere erklärungen dises wortes geben Kuhn (ztsch. IV, 14) und Lottner (ztsch. VII, 164).

co: cô-ti- (nom. sg, *côs*).

ci: ci-ére, ci-tu-s. Pott (doppelung 220) leitet auch *caedere* von der wurzel *ak* her; mir ist diß unwarscheinlich, doch vermag ich kaum etwas schlagendes dagegen an zu füren. Durch auß von unserer wurzel zu trennen ist aber das von Pott (e. f. I, 231) ir zu gesprochene *hispidus*.

cu: cŭ-nĕ-u-s.

4. Im kirchenslawischen finden wir nur *ka* in *ka-men-* (nom. *kamy* und *kameni*) *λίθος* und *ko* in *ko-tŭ-ka* ancora.

5. Auch im litauischen ist dise wurzelform spärlich vertreten.

ka: kà-ta-s anker.
ko: kó-ta-s stil.
kë, mit überschlag in die *i*-reihe: *kë-ta-s* hart.
sza: sza-kà zinke.

6. Auß dem deutschen gehören hierher:
ha: ahd. *ha-mar* hammer.
hi: got. *hi-min*, ahd. *hi-mil* himmel.
hei, mit umschlag in die *i*-reihe: altn. *hei-n* wezstein.

B. Die reduplicierte wurzel.

a. AKAK.

Uralt ist die verdoppelung der wurzel zum zwecke des beziehungsaußdruckes. Pott hat in seiner doppelung disen gegenstand ser außfürlich erörtert, und es genüge auf diß werk zu verweisen. Auch unsere wurzel erscheint redupliciert als *ak-ak*, merkwürdiger weise aber nur im griechischen, wärend die form *ka-ka* sich fast in allen indogermanischen sprachen findet. Vier reduplicierte griechische nomina sind hier zu nennen: ἀκ-ωκ-ή, ἀκ-ακ-ία; ὀπ-ωπ-ή, ὀπ-ίπ-η-ς, lezteres mit schwächung des wurzelvocals wie ὀν-ίν-η-μι und, in um gekerter folge, ἠν-ίπ-απ-ο-ν; vgl. Curtius II, 51.

b. KAKA, KAK.

1. Sanskrit: villeicht *çi-çi-ra-s* cold; *k'ak*, *k'akatê*, nur in der composition mit *ud*, auf blicken.
2. Auß dem griechischen scheint hierher zu gehören *κίκω (nur ἔκικον, κικεῖν, ἔκιξα, ἐκιξάμην sind gebräuchlich) bewegen, werfen; vgl. Curtius I, 118.
3. Lateinisch: *ci-cû-ta*, *ci-ca-trix*?
4. Litauisch: *ká-k-la-s* hals, *ka-k-tà* stirn, *kó-k-a-s* kegel.
5. Gotisch: *hô-h-an-* (nom. sg. *hôha*) pflug, *hu-g-s* sinn, verstand.

Im ganzen ist also die zal der worte, welche eine reduplicierte wurzelform zeigen, eine ser beschränkte; im altbaktrischen und kirchenslawischen felen sie ganz.

C. Weiterbildungen der wurzel.

Eine algemein an erkante tatsache ist die weiterbildung der wurzeln durch so genante determinative, welche Curtius treffend eine wortbildung vor der wortbildung nent. Ein häufiges wurzeldeterminativ ist *s*, vgl. Pott e. f. I, 167 ff., Curtius g. e. I, 55;

seltner ist *t*, Curtius a. a. o. 53.*) Unsere wurzel erscheint nun in einer menge von worten aller hier behandelten sprachen mittels *s* weiter gebildet. Darneben findet sie sich im griechischen und in einem gotischen worte mit *t* vermert. Da nun im griechischen die lautgruppe *κτ* öfter dem *ks* anderer sprachen gegenüber steht, so ligt es nahe, auch dise bildungen auf *kt* mit denen auf *ks* zu identificieren, und es entsteht die frage, ob *ks* auß *kt* entstanden sei, oder um gekert. Von vorn herein werden wir geneigt sein dem *ks* die priorität zu zu sprechen, da es in allen sprachen erscheint, das *kt* aber nur im griechischen und in einem einzigen gotischen worte, wo im noch dazu *ks* zur seite steht. Dise frage ist schon zu widerholten malen an geregt worden und nach beiden seiten hin entschiden. Aufrecht (ztsch. VIII, 72 ff.) hält *kt* für älter und Schleicher (comp. s. 175) stimt im hierin bei. L. Meyer (vgl. gr. I, 193 ff.) neigt sich auf die andere seite. Zulezt hat Curtius (g. e. II, 268) den gegenstand auf gegriffen und sich für die priorität des *s* erklärt, indem er den übergang von *ks* in *kt* als assimilation betrachtet. Dabei ist nur nicht ersichtlich, wie das griechische, welches doch die lautgruppe *ks*, d. i. ξ, ser liebt, dazu kommen konte eine so seltsame assimilation vor zu nemen, welche die außsprache nicht erleichtert, sondern erschwert. Wir sehen nun in allen sprachen *s* auß *t* entstehen, nemen aber fast nie den um gekerten vorgang war, und daher ist auch trotz der übereinstimmung der übrigen sprachen das *t* als das ursprüngliche an zu setzen. Bemerkenswert ist, daß auch in got. *uht-vo* unsere wurzel mit *t* weiter gebildet ist, das griechische also nicht völlig allein steht. Jedes falles ist berechtigung vorhanden, in unserem falle, d. h. nach dem *k* der wurzel *ak*, die wurzeldeterminative *s* und *t* als im grunde

---

*) Diß *t* faßt H. Weber (et. unters. 78) als element des part. perf. pass. Die bedeutung berechtigt hierzu durchauß nicht. Er mag aber insofern recht haben, als *t* ein rest des pronominalstammes *ta* sein kann, welcher, vermöge seiner ganz algemeinen bedeutung, auch zur participialbildung dient.

identisch zu betrachten. Wenden wir uns demnach zur übersicht der hier ein schlagenden worte.

a. Die Weiterbildungen von AK.

1. Im sanskrit: *aks'* in *aks'-a-ti* erreichen, *aks'-an-* (im nom. sg. ungebr.), *aks'-i* auge, *aks'-a-s* würfel zum spilen, *aks'-a-s* achse, *aks'-a-m* sinnesorgan.

iks': *iks'-a-tê* er siht, *iks'-aka-s* zuschauer, *iks'-an'a-m* blick. *iks'* hält Pott (I. 267) für ein desiderativum von *aks'* (was Benfey I, 228 richtig in *ak* corrigiert) wie ips von *ap*; änlich Schweizer (ztsch. III, 370). Benfey a. a. o. erklärt es als schwächung von *aks'*, welche deutung mir einfacher und richtiger scheint. Als desiderativum ist weder *iks'* noch, wie Schweizer will, *aks'* zu betrachten, da ire bedeutungen keine spur davon zeigen, und die anderen sprachen, welche keine desiderativa auf *s* besitzen, zalreiche vertreter des skr. *aks'* auf weisen.

2. Altbaktrisch: Mit sicherheit ist nur *as'-i* = skr. *aks'-i* oculus zu nennen, in welchem *s'* sich das vorher gehende *k* assimiliert hat; vgl. Schleicher comp. s. 164.

3. Mannigfach variiert erscheint dise bildung im griechischen:

ἄξ: *ἀξ-ίνη*, *ἄξ-ων*.

ὄξ: *ὄξ-ος*, *ὀξ-ύ-ς*, *ὀξ-ίνη* (neben den anderen an gefürten bildungen, in denen *s* nicht als lautgesezliche wandlung von *t* erklärbar ist, schwerlich als *ὀκ-τί-νη* zu faßen) u. a.

ἰξ: *Ἰξ-ίων*.

ἀκτ: *ἀκτ-ιν-* (nom. sg. *ἀκτ-ίς*).

ὀκτ: *ὀκτ-αλλο-ς* auge.

Die unbegründete hypothese Benfeys (g. wz. I, 233, 235), daß *ἴσκω*, *ἐίσκω*, das deminutivsuffix *-ισκο-* und die praesensbildung *-ισκω* von *iks'* her kommen, hat Curtius (g. e. I, 32) mit recht zurück gewisen.

Eine speciell griechische weiterbildung unserer wurzel ligt in *ὀφ-ϑ-αλ-μό-ς* vor, welche an irer stelle genauer zu erörtern ist.

C. Weiterbildungen der Wurzel.

4. Im lateinischen ist mit sicherheit nur die form *ax* nachweisbar in *ax-i-s, ax-illa* u. a.

5. Im kirchenslawischen findet sich hierher gehörig nur *os-ĭ ἄξων*, in welchem das *s* durch assimilation auß *ks* entstanden ist; vgl. Schleicher comp. s. 243, § 182; ksl. 145.

6. Ebenso bietet das litauische mit gleicher assimilation *asz-ì-s* achse. Man kann den vorgang auf zwiefachem wege erklären; entweder ist *sz* repräsentant des *k*, und *sz + s* wurde zu *sz* (vgl. comp. s. 255, 263), oder *s* ward nach *k* zu *sz* (comp. § 191, 6) und assimilierte sich dann das *k*. Warscheinlicher ist mir die erstere deutung.

7. Im deutschen sind zu erwähnen: got. *uht-vôn-* (nom. sg. *uhtvô*) morgenzeit, ahd. *ahs-a* achse, *ahs-ala* und *nohs-ana* achsel. Dem *ahsala* und seinen verwanten in den übrigen deutschen sprachen zu gefallen hat man (z. b. Pott I, 85) auch das gotische *amsa*, welches nur Luc. 15, 5 vor komt, in *ahsa* emendieren wollen. Wenn Pott und Diefenbach (I, s. 43) disem *ahsa als stütze das gleichbedeutende skr. *aṁç-a-s* vergleichen, so irren sie, denn *aṁç-a-s* erweist sich durch 'das gewicht der autoritäten' als auß *amsa-s* entstanden, s. Böhtl.-Roth s. v.; *amça-s* steht neben *aṁsa-s*, wie *pâṁçu-s* staub, neben *pâṁsu-s*, çak'î Indri uxor neben *sak'î* u. a. Außerdem entsprechen ja dem got. *amsa* gr. ὦμος für *ὄμσος (Gr. III, 403), lat. *umerus* für *umsus*; vgl. Aufrecht ztsch. I, 283. *amsa* ist demnach gesichert und natürlich von *ahsala* und dessen verwanten völlig zu trennen.

.b. Die Weiterbildungen von KA.

Dise sind nicht so übereinstimmend in allen sprachen wie die eben behandelten, doch läßt sich auch in inen ein gemeinsamer zug nicht verkennen, indem wider *t* als determinativ erscheint. Doch kann man diß *t* nicht, wie in den weiterbildungen von *ak*, im lateinischen und deutschen (nur dise zeigen das selbe)*) außder indogermanischen ursprache herleiten.

1. Lateinisch: *tri-quet-ro-* dreieckig (Varro l. l. VII, 46) weist auf die mit *t* weiter gebildete wurzel; Jurmann (ztsch. XI, 399) stelt es richtig mit *ca-tu-s* zusammen (welches er aber fälschlich *cat-u-s* teilt), folgert jedoch darauß one alle berechtigung, daß *quĕt* oder *quat* die ursprüngliche wurzelform gewesen, von welcher *catus* das *v* ein gebüßt habe.

2. Kirchenslawisch: *kos-a* falx wird unten näher erörtert werden und ist hier nur erwähnt, um die übersicht über die vor ligenden formen zu vervolständigen.

3. Im gotischen finden sich auch weiterbildungen mit *t*, welche sich also unabhängig vom lateinischen entwickelt haben, da sonst das *t* zu *th* verschoben sein müste. Solche weiterbildungen mittels *t* gibt es im deutschen auch sonst noch; z. b. *giu-t-an*, vgl. χυ, lat. *fu-d*; *fliu-t-an*, lat. *plu*, gr. πλυ u. a. Von unserer wurzel sind zu nennen: got. *hvôt-a* drohung nebst seinen ableitungen; *hvassaba* heftig, adverbium eines ungebr. *hvass*, welches im nord. mit der bedeutung 'scharf' erhalten ist. *hvass* ist auß **hvat-th(a)s* entstanden nach dem bekanten deutschen lautgesetze, daß jeder ursprünglich momentane laut mit folgendem dental zur entsprechenden spirans + *t* wird; **hvatthas* ward so zu **hvast*, *st* assimilierte sich dann weiter zu *ss*, wie in *vissa* für **vista*, **vit-da* (pf. von wz. *vit*, urspr. *vid* scire), *stass* für **stath-thi-s* u. a.

Ferner sind hier zu nennen nord. *hvet-jan*, ahd. *hwez-jan*

---

*) Villeicht könte man auß dem sanskrit hierher rechnen *kat́-u-s* scharf von geschmack, *kat́h-ôra-s* hart, scharf, *kut́h-âra-s* axt, *kat́h-ina-s* hart. Doch spricht dagegen, daß die einfache wurzel der form consonant + *a* im sanskrit nur *ça*, nie *ka* lautet; ferner, daß die weiterbildung dann mittels eines linguallautes und zwar zumeist mittels der stummen aspirata geschehen wäre. Pictet (orig. indo-europ. I, 133) leitet dise worte von den nach West. unbelegten wurzeln *çat́h* laedere, *kat́h* vitam miseram degere; Graßmann (ztsch. XII, 138) vergleicht sie mit der unserer wurzel zugehörigen altn. *hvat-r*.

schärfen, reizen; nord. *hvat-r* schnell; s. Aufrecht ztsch. I, 363 ff, 470 ff.; Leo Meyer or. u. occ. II, 280, 282. Die übrigen sprachen bieten nichts hierhér gehöriges.

c. Die Weiterbildungen der reduplicierten Wurzel.

Sie sind auf sanskrit, altbaktrisch und griechisch beschränkt.

1. Sanskrit: *k'aks̓*: *k'as̓-t'ê* und *k'aks̓-atê* 1) erscheinen 2) sehen, schauen nach 3) an kündigen, sagen (Böhtl.-Roth); Westerg.: 1) loqui 2) videre. B.-R. und Bopp (II, 335 anm.) erklären es als reduplication von *kâç* leuchten. Leo Meyer (or. u. occ. II, 284) läßt es auß *sk'aks̓*, älter *sk'akv* entstehen, wie es scheint, um got. *saíhvan* damit zusammen stellen zu können. Am meisten ist Benfeys erklärung (I, 232) zu billigen, *k'aks̓* sei ein intensivum von *aks̓*. Für das zu erwartende *ak'aks̓* trat *k'aks̓* ein, wie *çjati* für *açjati* (s. o.). Wir treten diser erklärung gänzlich bei. *k'aks̓* erscheint noch in einigen nominalbildungen *k'aks̓-an'a-m* anblick, *kaks̓-an* auge u. a.

2. Im altbaktrischen ist *k'aks̓* zu *k'as̓* assimiliert in: *k'as̓* sehen (Justi), *k'as̓-an* n. das leren, *k'as̓-ânô* der lerer.

3. Griechisch: παπταίνω, d. i. παπτ-αν-jω.

D. Nasalierung der wurzel.

Dise namentlich in der griechischen nominalbildung häufige erscheinung hat eigentlich keinen anspruch in disem abschnitte behandelt zu werden, da der nasal wol ursprünglich auß einem suffixe in die wurzel trat; vgl. comp. s. 576, IV, c. Unter den suffixen darf man sie aber eben so wenig auf füren, da der innerhalb der wurzel auf tretende nasal, so weit wir beobachten können, den suffix-charakter ab gelegt hat, welcher nur für eine vorhistorische sprachperiode erschloßen werden kann. Dise erscheinung mag daher hier als übergang zum zweiten abschnitte iren platz finden.

1. Sanskrit: *aṁç-u-s* faser, stral; *aṁç-a-s* teil. (Ueber *aṁç-a-s* schulter s. o.).

2. Griechisch: ἔγχ-ος, die aspiration ist durch den vorher gehenden nasal bedingt und das ursprüngliche *a* durch die nasale consonantengruppe in ε gewandelt; ἔγχος: *ἄκος = πένθος: πάθος = βένθος: βάθος.

Anmerkung. In lit. *ankaklė* beschwerde, anfechtung ligt möglicher weise auch die nasalierte wurzel *ak* mit suff. *klė* vor (vgl. *stá-klė-s* webstul, *aú-klė* fußbinde u. a.; Schleicher lit. gr. s. 126), villeicht ist aber auch in *ank-ak-lė* reduplication an zu nemen, wie in gr. παμ-φαίνω, πίμ-πλη-μι, got. *gag-gan*, sk. *k'añ-k'al*, *k'añ-k'ur* (intensivstämme der wurzeln *k'al*, *k'ar*) u. a.; endlich kann es auch zusammen gesezt sein. Bei der dunkelheit des wortes wage ich zwischen disen drei möglichkeiten keine entscheidung zu treffen.

Nachdem wir so von jeder vor kommenden erscheinungsform unserer wurzel die wichtigsten repräsentanten auf gefürt haben, wenden wir uns zur näheren erörterung aller einzelnen ir zugehörigen wortstämme.

II. Abschnitt.
Stamformen.

Im folgenden betrachten wir die in den sprachen vor kommenden stämme, one rüksicht auf die inen zu grunde ligende wurzelform. Wir werden demnach hier auch eine andere anordnung des stoffes vor zu nemen haben. Da wir von jezt an alle oben besprochenen wurzelformen als im wesentlichen identisch setzen, so bietet sich als das zwekmäßigste die zusammenstellung nach den suffixen dar. Dem bei diser anordnung nicht zu vermeidenden übelstande, daß worte der verschidenen sprachen, welche in wurzel und bedeutung einander decken und

A. Verbalstämme.

nur in den suffixen divergieren, auß einander gerißen sind, wird nach möglichkeit ab geholfen werden. Zuerst werden wir die primären verba untersuchen und dann zu den nominalstämmen fort schreiten, welche nach der lautlichen beschaffenheit irer suffixe zusammen gestelt werden sollen. Die suffixe ordnen wir darnach in folgender reihe: suffix null, *a*, *i*, *u*, *ja*, *va*, *vi*, *ra (la)*, *ri (li)*, *ru (lu)*, *as*, *ma*, *man*, *na*, *ni*, *an*, *in*, *ant*, *ka*, *ta*, *ti*, *tu*, *tar*, *tra*.*) Daß dise anordnung zimlich wilkürlich ist, verkenne ich gar nicht; ich weiß jedoch keine dem wesen der sache entsprechendere.

A. Verbalstämme (primäre verba).

Da die verba der einzelnen sprachen zu ser von einander ab weichen, um durchgehends eine vergleichende behandlung zu ermöglichen, wird noch, wie im vorhergehenden abschnitte, jede sprache für sich erörtert werden.

1. Sanskrit. *ç-ja-ti* (grundform *ak-ja-ti*), stamm für das präs. *çja*, für die übrigen tempora *ça*, *çâ* (perf. *ça-çâu*, fut. *çâ-sja-ti*) acuere Westerg.; 1) to reduce or make small, to pare 2) to whet or sharpen Wilson.

çi-nô-ti, *çi-nu-tê*, perf. *çi-çâj-a* 1) to make thin or small, 2) to whet or sharpen Wilson: 1) acuere 2) excitare 3) acutum esse, attentum esse Westerg.

Auß dem begriffe der schärfe entwickelt sich der der scharfen, schnellen bewegung, welcher uns noch in vilen worten begegnen wird. So laßen sich z. b. parweis neben einander stellen die nahe verwanten: ὀξύς, ὠκύς: *acer, ocior; catus, citus;* nord. *hvass, hvatr,* von denen je das erste die schärfe, das zweite die schnelligkeit bezeichnet. Der übergang ist keineswegs auf fallend. Wie raum und zeit innig verbunden sind,

---

*) Nur die primären bildungen werden in irem ganzen umfange hier platz finden, von den secundären nur die erheblichsten, da die berüksichtigung aller den stoff zu ser auß denen würde, und da auch die meisten von inen keiner weiteren erklärung bedürfen, wenn die zu grunde ligenden primären worte genügend behandelt sind.

so werden auch die selben begriffe vilfach auf beide an gewant; die schärfe auf die zeit übertragen wird nun zur schnelligkeit (vgl. unser 'scharfen trab reiten' u. a.). Die schnelligkeit involviert wider das erlangen, erreichen, treffen, und so zeigen sich:

aç-nô-ti, *aç-nu-tê* 1) erreichen, anlangen, eintreffen bei 2) erlangen 3) einer sache mächtig werden 4) durchdringen, erfüllen B.-R.

aks′-a-ti, *aks′-n′ô-ti* 1) erreichen, treffen 2) durchdringen, erfüllen 3) an häufen B.-R.; 1) permeare occupare 2) coacervare Westerg.

Ferner entspringt auß dem begriffe der schärfe, auf das auge an gewant, der des sehens. Bekant ist ja, wie häufig der begriff der schärfe anwendung auf den gesichtssinn findet. Es wird sich sogar zeigen, daß das auge selbst im indogermanischen von diser eigenschaft als das scharfe, durchdringende benant ist.

So haben wir von unserer wurzel:

îks′-a-tê sehen, war nemen, bemerken u. s. w. (s. B.-R. und Westerg.).

k′aks′-a-tê, *k′as′-t′ê* 1) erscheinen 2) sehen, schauen nach 3) ankündigen, sagen. Richtig vermittelt (Benfey I, 232) sehen und sagen durch den begriff des bemerkens.

k′ak-a-tê füren B.-R. an mit den bedeutungen: befridigt sein, widerstehen, leuchten; eben so Westerg.: satisfieri, resistere. Aber mit *ud* zusammen gesezt heißt es 'auf blicken, sehen,' man wird daher berechtigt sein einen zusammenhang mit *k′aks′a-tê* u. s. w. an zu nemen. Die im simplex verdunkelte bedeutung ist im compositum bewart.

2. Altbaktrisch: *as′-nao-iti* (wurzel *aç*) 1) pénétrer occuper 2) se répandre remplir d'espace Brockh.; vordringen, gelangen, gehen Justi (= sk. *aç-nô-ti*).

Wurzel *akhs′*, praesensstam *akhs′-aja*, sehen komt nur in der zusammensetzung mit *aiwi* vor: *aiwj-âkhs′-ajê-inti* (3. pl. praes. ind.) 1) beaufsichtigen 2) regieren.

A. Verbalstämme.

k'as' (= sk. k'aks') 1) loqui, dicere 2) micare, splendere Brockh.; sehen Justi. Ich habe es jedoch als verbum nicht belegt gefunden.

3. Griechisch: ὄσσομαι, d. i. *ὄκ-jο-μαι, sehen, anen. Das σσ kann nicht, wie Graßmann ztsch. XI, 45 f. will, auß πj enstanden sein, vgl. Curtius g. e. II, 238, wo diser angebliche lautübergang mit bestem rechte verworfen wird; ebenso wenig auß ks, wie Benfey (I, 228) an nimt, oder auß xϝ, wie L. Meyer (vgl. gr. II, 185) will. Von ὄσσομαι muß *ὀσσεύς seher gebildet sein, auf welches ὀσσεύομαι anen, vorher sagen weist. Lezterem entspringt wider ὀττεία voranung.

*ὄπ-τω (praes. ungebr.), wovon ὄψομαι, ὤφ-θην, ὄπωπα; vgl. Curtius II, 51. Das im simplex nicht vorhandene praesens glaube ich in dem schon von M. Müller (ztsch. IV, 364) hierher gestelten ἰλλώπτω (auß ἰλλο-οπτω) blinzeln zu finden. Auch in dem ersten teile diser composition unsere wurzel zu sehen, wie Benfey (I, 233) will, ist unmöglich. Benfey hält nämlich ἴλλος auge und ἰλλός schilend für assimiliert auß *ἴx-λο-ς. Beide sind aber sicherlich nicht von ἴλλω wälzen, drehen zu trennen, welches zur wurzel ϝαλ, ϝελ (ἑλύω, volvo u. a.) gehört. ἴλλος ist das auge, sofern es gedreht wird, ἰλλός der drehende, schilende; ἰλλώπτω also drehend, schilend blicken, d. h. blinzeln.

*κί-νυ-μαι bewege mich, eile (κί-νυ-ται dekt sich laut für laut mit sk. çi-nu-tê). Von activen formen finden sich: ἔ-κι-ον, κί-οιμι, κι-ών, welche ich sämtlich dem einfachen aorist zu spreche. Eine weiterbildung mittels des häufig so verwanten θ findet sich im homerischen μετ-ε-κί-α-θ-ο-ν: vgl. Curtius I, 54. Andere nicht zu billigende erklärungen von κίω geben Benfey II, 164 und Pott I, 206. Curtius (I, 119) hält für warscheinlich, daß von κίω auch her kommen κίνδ-υνο-ς und das von Pollux I, 185 citierte ὀνο-κίν-δ-ιο-ς eseltreiber. Diß bleibt immerhin nur vermutung, da kein sicherer anhalt vorhanden ist. Man könte δ als wurzeldeterminativ faßen; dann wäre die so entstandene wurzel κιδ noch nasaliert.

In κι-νέ-ω bewegen, treiben ist der praesensstamm (nach

Schleichers einteilung IV, b), wie oft, zum verbalstamme geworden. In betreff der bedeutung vgl. sk. *çi-nô-ti* excitare.

Die reduplicierte wurzel erscheint in dem ungebr. *κικω, wovon sich ἔκικον, κικεῖν, ἔκιξα, ἐκιξάμην finden in der bedeutung 'gehen machen, bewegen'; vgl. Curtius I, 119. Benfey (II, 161) leitet es von dem unbelegten sk. *çikh* gehen.

Curtius (I, 119) hält auch κικύω ταχύνω für verwant, indem er das *v* durch dissimilation anß *ι* entstanden glaubt, wie umgekert *ι* auß *v* in φῖτυς für *φυτυς: vgl. a. a. o. II, 290. Die bedeutung von κι-κύ-ω spricht allerdings für dise etymologie. Man muß dann natürlich auch κῖκυς kraft hierher setzen, von welchem κικύω augenscheinlich ab geleitet ist. In disem ligt die grundbedeutung der schärfe oder schnelligkeit weniger klar zu tage, welche sich in allen oben behandelten worten (κίνυμαι, κινέω u. s. w.) mer oder weniger ab geschwächt hat, indem sie meist zur bewegung überhaupt, zum gehen, veralgemeinert erscheint. Ob κῖκυς, κικύω zu unserer wurzel gehören, wage ich nicht zu entscheiden. Pott (I, 232) stelt κῖκυς zu sk. *çak* posse.

Auf grund von ἀκ-αχ-μένο-ς hat man wol ein praesens *ἄκ-ω schärfen an zu setzen, von dem sich nur diß part. pf. pass. erhalten hat. Das χ ist wegen des folgenden μ auß κ entstanden.

4. Lateinisch: *acêre* sauer sein weist villeicht auf ein nicht mer vorhandenes adjectivum *acu-s oder *aquo s sauer hin. Von *acer* kann es nicht kommen, denn dann würde es *acrêre zu lauten haben. Behalten doch *putrescere*, *putrêdo*, *nigrescere*, *nigrêdo*, *pigrêre* u. a. das *r* von *puter*, *niger*, *piger*. Da es aber weder im lateinischen noch in anderen indogermanischen sprachen eine seltenheit ist, daß stamverba die form von ab geleiteten an nemen: z. b. *habêre*, *vidêre* u. a., so könten wir es daher villeicht auch als primitiv an zu sehen haben. Vgl. *rubêre* neben *ruber*. Der begriff der schärfe ist, wie wir in schon auf das gesicht an gewant fanden, so hier auf den geschmack übertragen, vgl. sk. *aks'-a-m* sinnesorgan, ὄξος, *acer*-

Von *acēre* kommen: das inchoativum *acescere* und *acêtum* (das sauer gewordene), ein altes participium von *acēre* oder *acescere;* vgl. Budenz, ztsch. VIII, 287. Diß wort hat eine weite wanderung gemacht, es trat als lenwort über ins slawische: *ocĭtŭ*, ins gotische: *akeit*. Eben so findet es sich in anderen deutschen sprachen: alts. *ecid*, ags. *eced*. Bemerkenswert sind ahd. *ezih*, nhd. *eßich*, altn. *edik*, schwed. *ättika*, dän. *edike;* in inen ist wol mit Gr. III, 466; II, 284 versetzung des *k* und *t* an zu nemen, was ja bei nicht genau verstandenen fremdworten leicht geschehen kann. Gr. I, 68 anm. nimt an, *akeit* sei entlent als die Römer noch *k* sprachen, *ezih* als das *c* bereits assibiliert war. Was fangen wir dann aber mit dem *h* an?

Von *acēre* komt ferner *acidus* für **ace-du-s*. Über das suffix vgl. Corssen krit. beitr. 97 ff.

cieo, cīvi, cĭtum, ciēre und *cio, cīvi, cĭtum, cīre* sind schon oft mit gr. ἔκιον verglichen worden; s. Curtius I, 118; L. Meyer, vgl. gr. I, 28. Lezterer sezt (a. a. o. 341) für κινεῖν und *ciēre* eine wurzel *ki* gehen an, was für das graeco-italische allein wol angeht. Dise wurzel *ki* ist aber, wie sk. çinôti u. a. zeigt, auß *ka, ak* entstanden. Lottner (ztsch. VII, 171) irt, wenn er *cieo* unter den worten auf zält, welche das lateinische allein mit dem griechischen teilt. Eine andere erklärung geben Pott 1, 206, Ebel, ztsch. I, 301. Hinsichtlich der form hat Graßmann (ztsch. XI, 48) wol richtig erkant, daß *cieo* und *cio* beide auß **ci-io* entstanden sind; *cieo* durch dissimilation, *cio* durch contraction. L. Meyer (gr. II, 29) faßt *ciēre* als causativum von **κίω*.

L. Schwabe (de demin. gr. et lat. p. 27 not.) erklärt *oscillo* als deminutiv von *obs-cieo* mit *s = bs* wie *ostendo* auß *obstendo*. Etwas entscheidendes scheint weder für noch gegen dise vermutung zu sprechen.

5. Litauisch: *at-ankù, -àkti* augen bekommen. Es läßt sich schwer entscheiden, ob es ein primäres verbum ist, oder von *akìs* ab geleitet; der form nach kann es beides sein, da auch vile denominative verba ir präsens mittels nasalierung

bilden; s. Schleicher lit. gr. s. 239, § 114. Auch die bedeutung weist auf keinen bestimten weg, sie scheint zwar von vorn herein auf nominale ableitung zu deuten, aber andererseits könte *ankù* wie alle nasalierten primären verba ein inchoativum sein und als solches bedeuten 'anfangen zu sehen,' d. h. 'augen bekommen.'

ap-jenkù, *ap-jèkti* blind werden. Ueber die bedeutung s. u. *áklas*.

ekė'ti eggen ist mit Schleicher (lit. gr. § 72, s. 163) als deutsches lenwort zu betrachten. Von dem participium eines anderen nicht belegten **ekė'ti*, für welches man die bedeutung auge machen, d. h. loch machen, öfnen annemen kann, scheint *ekėtė'* wuhne, loch im eise zu kommen.

6. Im gotischen ist kein primärer verbalstamm überlifert, erschließbar ist indessen ein *hvatan, perf. *hvôt scharf sein, was schon Gr. II, 43, no. 477 gesehen hat, der im jedoch die bedeutung acuere gibt. Das causativum hiervon ist erhalten in ahd *hwez-jan* schärfen, wetzen.

Das altbulgarische hat kein primäres verbum von unserer wurzel.

B. Nominalstämme.

1. One suffix.

Je weiter sich die sprachen von der ursprache entfernen, desto mer sehen wir dise classe im abnemen begriffen. So komt es denn, daß die reine wurzel *ak* als nominalstamm nur im sanskrit, altbaktrischen und griechischen erscheint.

sk. *ap-* waßer, in der classischen sprache nur im plural *âp-as* gebräuchlich, = altbaktr. *ap-* (nom. *âf-s*, acc. *âp-em*, gen. *ap-aç-k'a*, dat. pl. *aiwjô*). Auß dem begriffe der schärfe entwickelte sich, wie wir oben (s. 19) gezeigt haben, der des schnelseins, und diser ligt in der benennung des waßers zu grunde. Demnach scheint *ap-* zunächst das fließende waßer bedeutet zu haben; vgl. lit. *ùpė*, welches nur fluß heißt. Der selbe begriff ligt in mereren flußnamen zu grunde, z. b. Σπερχεῖος in Thessalien (σπέρχεσθαι eilen), Ἄξιος in Macedonien (doch wol von ἄγειν). Auch in Deutschland kenne ich *die Schnelle* als flußnamen. Pott (I, 3) und Bopp (I, 75) erklären *abhra-m* wolke als **ab-bhra-m* (ap + bhar) 'waßer tragendes,' indem sie sich auf altbaktr. *âbereta-* (richtiger ist *âberet-* Justi) waßerträger, titel des Mobed, welcher das waßer herbei bringt, berufen. Diß kann allerdings für *ap-beret-* stehen. Es ist aber zu beachten, daß sk. *ap-* im plural und dual vor den mit *bh* an lautenden suffixen sein *p* in den dentalen wandelt, also *ad-bhis*, *ad-bhjas* lautet; für dise dissimilation von *b-bh* zu *d-bh* kann ich als analogon auf füren, die von *s-s* zu *t-s* in *rat-sjâmi* für **vas-sjâmi* (fut. von wz. *vas* wonen). Es ist also an zu nemen, daß nach diser analogie *ap + bhra* (wz. *bhar* zu **ad-bhra* geworden wäre. Das altbaktrische teilt disen umschlag in das dentale organ nicht; der dativ pluralis lautet z. b. *awejô* (grundform **abhjas*, das altb. kent keine consonantenverdoppelung), womit *âberet-* für **ap-beret-* in einklang steht. Wir können daher *abhra-m* nicht als hierher gehörig betrachten. Auch das altb. *âberet-* leitet Justi s. v. nicht von *ap*, sondern erklärt es als *â + beret* (wz. *bhar*), was lautlich unanfechtbar ist.

Auch im griechischen muß einst ein entsprechender stamm *ἀπ- oder etwa *ἀπ-ο-, *ἀπ-η vorhanden gewesen sein, wie die oben erwähnten ἀπία, Μεσσάπιοι u. s. w. beweisen. Die dem sk. *ap-* entsprechenden lat. *aqu-a*, got. *ahv-a*, lit. *ùp-ė* sind nach maßgabe irer suffixe unten zu besprechen. Ein anfang der in inen vor ligenden weiterbildung mittels *a* findet sich schon im sanskrit, wo im lezten glide von zusammensetzungen *apa-*, *âpa* statt *ap-* erscheint, s. Benfey kurze sk.-gr. § 420; ebenso im altbaktrischen *âpa-* an der selben stelle.

Warscheinlich ist diß wort schon der ursprache angehörig und zwar auß den zu anfang diser abteilung an gegebenen gründen in der form nom. sg. *ak-s*.

sk. *aks'-*, griech. ὄπ-ς, ὤπ-ς, *aks'-*, welches sich bei B. R. nicht als simplex, sondern nur in dem compositum *an-aks'-* blind findet, soll nach Benfey (ztsch. IX, 105) in den Vêden 'auge' bedeuten. Benfey sowie B.-R. halten es wol mit unrecht für eine verstümmelung von *aks'-an-*, *aks'-i-*. Im entspricht (natürlich ab gesehen von dem wurzeldeterminativ des indischen wortes) in form und bedeutung das gr. ὄψ, d. i. ὄπ-ς, f. auge, welches besonders bei Hom. als leztes glid possessiver composita erscheint, z. b. αἴϑ-οψ feuriges antlitz habend, funkelnd, οἴν-οψ ein wein-antlitz habend, d. i. weinfarbig, μέρ-οψ wörtlich 'denkgesicht habend' (wz. μερ = sk. *smar*), d. h. sinnig blickend (Curtius I, 297) u. a. Mit zweiter steigerung ist ὤπ-ς auge gebildet.

2. Suffix -a.

Diß suffix m. *-a-s*, f. *-â*, n. *-a-m* ist überauß zalreich vertreten. Hier, wie im folgenden überhaupt, wird auf das genus als eine secundäre unterscheidung in der anordnung des stoffes wenig rüksicht genommen werden.

skr. *ak-a-m* schmerz = altbaktr. *ak-e-m* dolor. In beiden ist der schmerz nach der schärfe benant. B.-R. erklären *aka-* als *a* privativum und *ka-* freude, welches leztere jedoch erst auß *aka-* und *nâka- (na + aka-)* in diser bedeutung erschloßen ist; s. B.-R. s. v. *ka*. Für den von mir vorauß gesezten bedeutungsübergang kann ich als analogon das engl. *smart* an füren, welches als adjectiv 'scharf,' als substantiv 'schmerz' bedeutet.

altb. *âk-ô* offenbar = ὀπ-ή öfnung, ὠπ-ή blick = lit. *ák-a-s* wuhne, loch im eise = got. *aug-a-n-* (nom. sg. *augô*) auge. Der begriff des sehens ist oben mit dem grundbegriffe der schärfe vermittelt worden.

ὠπ-ή erscheint als zweites glid des zusammen gesezten ἄνϑρ-ωπο-ς, dessen zusammenhang mit ὄψ, ὤψ u. a. schon auf verschidene weise geltend gemacht ist. Das erste glid der zusammensetzung ist doch wol der stamm ἀνερ- (Pott II, 45; Curtius I, 271). Das ϑ ist zwischen die beiden liquidae ein geschoben wie sonst δ. Wenn Curtius (a. a. o. und II, 99) die aspiration des dentalen dem folgenden ϱ schuld gibt, so bleibt

noch zu erklären, weshalb diser consonant hier aspiriert, in
ἀνδρός, ἀνδρί u. s. w. aber nicht. Ein änliches verhältnis in
betreff der aspiration zeigt sich zwischen ἄκρις und seinem
locative ἄχρι (s. u.). Indessen ist dise erklärung des ἄνθρωπος
als 'mansgesicht' derjenigen vor zu ziehen, welche Aufrecht
(ztsch. III, 240; V, 365) auf stelt. Er teilt nämlich ἀνθρω-
-ωπο-ς und nimt *ἄνθρω für ein adverbium von ἀνά mit dem
im griechischen nicht üblichen suff.-θρω (sk. -tra, got. -thrô).
Diß suffix sucht er in ἀθρόος für *ἀθρό ιο-ς von ἀ-θρο =
vêd. sa-trâ und in ἀλλότριος von *ἀλλο-τρο = sk. anja-tra
nach zu weisen. ἄλλος hat aber mit sk. anjas nichts zu schaffen, wie Schleicher (comp. s. 185) und Curtius (I, 323) dar getan
haben, also blibe ἀθρόος allein zur stütze des *ἄνθρω; dise
an sprechende auffaßung des ἄνθρωπος als 'empor schauend'
ist demnach ser zweifelhaft begründet.

In ὀπή loch, lit. *akas* loch im eise ist der begriff des
auges, wie häufig, in den des loches über gegangen, als vermittelung bietet sich wol 'durchblick.' Für disen bedeutungsübergang hat Göbel (ztsch. XII, 239) zalreiche beispile zusammen gestelt, von denen ich einige erwähnen will: ὀφθαλμός
beim schiffe = κώπης τρῆμα; franz. *les oeils* = les trous dans
le fromage; *oeil* de boeuf; ital. *occhiello* knopfloch.

Von ὀπή stamt τὸ ὄπεας schusterale, wofür als nebenform
ὀπευς an gefürt wird. Wie von φθορά, φονή, τροφή gebildet
werden φθορεύς, φονεύς, τροφεύς, so ist von ὀπή ὀπεύς her
zu leiten. Von ὀπεύς ist nun wider mit dem suff.-ατ weiter
gebildet ὀπεϝ-ατ-, ὄπεατ-, nom. ὄπεας. Die nur bei Herodot IV,
70 vor kommende aeolische form ὕπεας zeigt die im aeolischen
dialekte beliebte schwächung von ursprünglichem *a* zu *v*, wie
ὕμοιος = ὁμοῖος, ὕσδω = ὄζω, ὕρνις = ὄρνις u. a.; s. Hirzel
z. beurt. d. aeol. dial. s. 13. Die unursprüngliche aspiration
ist gerade bei an lautendem *v* ser häufig; vgl. ὕστερος = sk.
uttaras, ὕδωρ = sk. *udam*, lat. *unda* u. a. (Schleicher comp.
s. 183). Wie φονεύς den bezeichnet, welcher φονή bewirkt,
so ist ὀπεύς der oder das ὀπή bewirkende, d. h. das loch
machende, die ale.

Das altb. *ákô* ist adjectivisch 'äugig' d. h. in die augen fallend, offenbar (vgl. slaw. *očitŭ* manifestus von *oko* auge).

Im lateinischen hat Bopp (II, 59 ff.) als stamwort für *oculus* ein *ocus an gesezt, demnach scheint er *oculus* als deminutiv zu betrachten, womit wir nicht einverstanden sind (s. u.). Diß *ocus* hat man nun zur erklärung von *caecus* verwant.

caecus ist wol nicht zu trennen von got. *háihs* monoculus, kelt. *cuic* blind of one eye, welche sich lautlich decken*). Diß hat Gr. II, 316 auch richtig gesehen. Nun hat man *ca-icu-s*, *ha-ih-s* geteilt und im zweiten teile derselben obiges *ocus gesucht. Das *ca, ha* hat dann Pott (I, 166) als das pronomen interrogativum sk. *ka* gedeutet, *ca-ocus also 'wie schend,' d. h. schlecht schend (im sk. sind dergleichen composita bekantlich keine seltenheiten). Aber außer dem sk. sind solche zusammensetzungen nicht nachweisbar: ferner ist der interrogative pronominalstamm im lateinischen zu *quo*, im gotischen zu *hva* geworden, ursprüngliches *ka-akas* hätte also im lateinischen mit *qu*, im gotischen mit *hv* an zu lauten. Aber ab gesehen hiervon findet sich im skr. selbst, was Pott verschwigen hat, *ka* + *aks'a* in *káks'a-s*, welches bedeutet 'finsterer blick, finster blickend', also fast das gegenteil von *caecus*. Demnach fält dise erklärung. Eben so unhaltbar ist die Boppsche ansicht, welche schon Pott a. a. o. für möglich hält. Bopp a. a. o. hält nämlich das *ca, ha* für den überrest des sk. *êka-* eins, nun ist aber in *êka-* das *ka* blos suffix und der wesentliche bestandteil des 'eins' stekt in dem *ê*, wie die betrachtung der übrigen sprachen auf den ersten blick lert (altb. *aê-va-* = gr. *oἶ-ϝo-*, lat. *oi-no-* = irisch *óe-n ói-n* = slaw. *i-nŭ* = lit. *vé-na-* = preuß. *ai-na-* = got. *ai-na-*; vgl. Schleicher comp. s. 397 ff.). Außerdem hat weder lat. *oi-no-, û-no-*, noch kelt. *óen, óin*, noch

---

*) Daher ist es nicht zu billigen, wenn man *haihs* (mit *ai* anstatt *ái*) auß seiner verwantschaft reißt und einseitig vom standpuncte des deutschen mit *haihan*, einer nebenform von *hahan* hangen, zusammen bringt, wie Gr. II, 74, der auch nicht recht weiß, auf welche weise er die beiden bedeutungen vermitteln soll.

got. *ai̯-na-* das suffix *-ka,* und auch für die ursprache macht Schleicher die form *ai-na-* warscheinlich.

Endlich hat Curtius (I, 41) eine von den vorher gehenden gänzlich verschidene etymologie gegeben; von der wz. *ski* (in gr. σκιά, sk. *k'hâjâ)* bildet er σκοικός gestüzt auf die glosse des Hesych: σκοιά σκοτεινά. Hierauß läßt er nach abfall des *s caecus* und *háihs* entstehen. Dem widerspricht aber (selbst zu gegeben, daß ein gr. *σκοικός bestanden hätte) das gotische. Ursprünglich an lautendes *sk* bleibt nämlich im gotischen unverschoben und mit erhaltenem *s,* selbst wenn die verwanten sprachen den zischlaut verloren haben; vgl. L. Meyer or. u. occ. I, 519. Somit fält auch dise erklärung und es bleibt uns wol bei disen dunkeln worten nichts übrig, als zu gestehen: non liquet. Solte *caecus* villeicht doch zu unserer wurzel gehören, indem es auf eine grundform *kai-ka-s* hin deutete, welche unsere in die *i-*reihe um geschlagene wurzel mit suffix *-ka* enthielte? Oder ist *cac-cu-s,* *hái-h-s* redupliciert, vgl. παι-πάλλ-ω, got. *stai-staut,* *hai-halt* u. a.? Aber wie vermittelt sich dann die bedeutung mit der von unserer wurzel?

Keren wir nun zu unserer untersuchung zurück und betrachten got. *augô.* Daß es mit ὀπή u. s. w. zusammen gehört, scheint von vorn herein warscheinlich. Schwirigkeiten bietet nur die erklärung des diphthongen; denn die media *g,* für welche man bei strenger verschiebung *h* erwarten solte, hat eine große anzal von fällen zur seite, in denen gotische media inlautend statt der aspirata steht. Den diphthongen nun hat man verschidentlich zu erklären versucht. Bopp (III, 391 anm.) meint, ursprünglich sei villeicht eine form **aúhanda* gewesen, mit brechung für **uhan-,* welches dann zu den verwanten sprachen stimte. Eben so Grimm wörterb. und Schweizer ztsch. III, 370. Dem widersprechen aber die übrigen deutschen dialekte, auß denen die ursprünglichkeit des *au* hervor geht (altn. *auga,* alts. *ôga,* ags. *eáge,* ahd. *ouga,* nhd. *auge,* altfr. *âge* u. s. w.). Lottner (ztsch. IX, 319) macht die hypothese, daß *augô* für **angô* stehe, indem er verschidene beispile für den übergang von *an, am* in *u, au* an fürt. Er bringt zum beweise noch lit. *ankŭ* bei, übersiht aber, daß hier das *n* nur element der praesensbildung ist (praet. *akaú*, inf. *ăkti*). Unterstüzt glaubt er seine erklärung durch das *g*, weil vilfach nach nasalen die media statt der aspirata ursprüngliche tenuis ersezt. Aber ztsch. XI, 191 fürt er selbst eine menge fälle an, in denen one vorher gehenden nasal die media ursprüngliche tenuis vertritt. Noch eine andere erklärung bietet Ebel (ztsch. VIII, 242), welcher vorauß sezt, daß dem guttural, wie oft, ein *v* entwachsen sei; auß **ahva*, **agva* ward *auga* wie *uh* auß *hva* (= sk. *k'a*, gr. *τε*, lat. *que*). Eben so Graßmann ztsch. IX. 319. Ich halte jedoch dise parallele keineswegs für treffend. Auß urspr. *ka*, sk. *k'a* muste nach gotischem außlautsgesetze *h* werden, und in diser gestalt erscheint die enclitica auch nach vocalisch auß lautenden worten, z. b. *hvammê-h*, dat. sg. m., *hva-h*, *hvô-h*, nom. acc. sg. neutr. fem. des pron. indef. Mit consonantischem außlaute aber konte sich *h* nicht unmittelbar verbinden und nam daher den hilfsvocal *u*, so entstund *-uh*, welches also nicht auß **hu* um gestelt ist. Weil das *u* hilfsvocal ist, bleibt es auch ungebrochen. Wie *augô* neben ὀπή, so steht *haubith* neben *caput*, auf welche weise aber in beiden fällen der gotische diphthong ursprünglichem *a* gegenüber zu erklären sei, ob durch anname des umschlagens von vocalisiertem *v* auß der folgenden silbe in die vorher gehende oder einer mischung der *a*- und *u*-reihe, laße ich noch unentschieden. Der *n*-stamm *auga-n-* ist erst eine gotische neubildung, wie das denominative verbum *augjan* zeigt, und hindert nicht die zusammenstellung mit ὀπή und den anderen oben an gefürten worten.

Von der weiter gebildeten wurzel kommen mit dem selben suffix und der selben bedeutung: sk. *aks'-a-m* sinnesorgan, *iks'-â* das schauen, erwägen = ὄκκος, d. i. *ὄκτ-ο-ς, auge Hes. Lezteres halte ich nicht mit Curtius (II, 51) für assimiliert auß *ὀκϝο-, weil mir kein beispil bekant ist, in welchem *κκ* auß urspr. *κ* durch die mittelstufe *κϝ* entstanden wäre. Sondern, wie das gleichbedeutende ὄκταλλος auch als ὄκκαλλος erscheint (s. Passow s. v. ὄκος), so setze ich auch *ὄκτ-ο-ς als grundform von ὄκκος an, welches dann genau zu sk. *aks'a-m* stimt. ὄκταλλος, welches Schwabe (de dem. 84) als deminutivum von ὄκκος an siht, trenne ich davon (s. u. suffix *-an*).

Justi deutet bei altb. *as'a-* 'rein' fragend auf *aks'a-* und vermutet für *as'a-* als grundbedeutung 'durchsichtig' *). Obwol diser erklärung lautlich nichts im wege steht, so verbindet sich doch *as'a-* vil ungezwungener mit sk. *ak'k'ha-* limpidus, wie Schleicher (comp. 164) gesehen hat. — Mythologisch wichtig ist das sk. compositum *aks'a-g'a-m* donnerkeil, wörtlich: der auß dem auge geborene. Das auge ist die sonne; bedeutet ja *aks'î* (dual von *aks'i* auge) sonne und mond; s. B.-R. s. v. *aks'i*. So heißt in den Veden die sonne auge des Varun'a; vgl. Kuhn herabk. 53. Daß auch das auge des Cyklopen die sonne ist, hat W. Grimm (üb. d. Polyphemsage s. 27 ff.) dar getan. Mer beispile sihe bei Grimm myth. s. 665. Bedeutet ja noch im ahd. *blich* sowol blick als blitz; vgl. Graff III, 244. Der blitz wird als blick oder stral des sonnenauges gedacht, und so ist er auch im sk. als 'augenson' benant.

Von sk. *aks'-a-m* nicht zu trennen ist *aks'-a-s* würfel zum spilen. Diefenb. (got. wb. I, s. 53) fragt bei erwähnung dises wortes: 'vom würfelauge?' Und in der tat scheint der würfel den augen seine benennung zu verdanken. Benfey (I, 236) fürt sogar für *aks'a-* die bedeutung 'würfelauge' an.

skr. *aks'-a-s* achse = -άξα (nur in ἄμ-αξα erhalten) = ahd. *ahs-a*. Die übrigen sprachen haben das wort auch, aber mit anderen suffixen verbunden (ἄξ-ων, *ax-i-s*, lit. *asz-ì-s*, slaw. *os-ĭ*). Das griech. ἄξα hat sich auch nur in der zusammensetzung ἄμ-αξα, älter ἄμ-αξα erhalten, 'achsenverbindung,' d. h. wagen, sk. wäre es villeicht *sam-aks'â*; Pott I, 85; Benfey I, 67; Curtius I, 352. Möglicher weise ist das wort aber gar nicht echt griechisch, worauf das auß lautende α hin

---

*) Beiläufig sei eine bemerkung gestattet. In der stelle Yt 1, 15 *as'a nāma ahmi* 'ich heiße rein' faßt Justi *as'a* als flexionslosen nom. sg. m., *as'a-nāma* ist aber als ein compositum zu nemen, wie deren im Avesta zallose an zu treffen sind, und bedeutet 'reinen namen habend', was in der sache freilich mit der Justischen übersetzung auf eins hinauß komt.

deuten könte, für das nach ξ η zu erwarten wäre. — Benfey (I, 156) leitet von *aks'a-* mit verlust des an lautenden *a*: *ks'a-tar-* wagenlenker, *ks'atrija-s* name eines der kriegerkaste. Dise etymologie scheitert aber daran, daß *-tar* nicht als secundärsuffix vor komt. Warscheinlicher ist mir, daß die beiden worte von *ks'an* verletzcn stammen, dessen *n* vor *t* schwinden muß (vgl. *ks'a-ta-s*, *ks'a-ti-s*), dann wäre also die bedeutung 'krieger' die ursprüngliche und 'wagenlenker' erst darauß hervor gegangen. B.-R. leiten *ks'atrija-s* von *ks'a-tra-m* herschaft, welches sie auf wz. *ks'i* herschen zurück füren.

Was die bedeutung von *aks'-a-s* betrift, so ligt auf der hand, daß der begriff 'achse' mit der erfindung des wagens erst in einer verhältnismäßig späten zeit auf tauchen konte, da leztere schon einen hohen grad von cultur vorauß sezt. Sehen wir uns nun nach einem anhaltepunct um, von dem auß wir zur ermittelung der ältesten mit *aks'as* verknüpften vorstellung gelangen können, so bietet sich uns ein solcher bei Grimm myth. 571, wo eine vorschrift zur entzündung des notfeuers lautet: 'Man solle ein neues wagenrad mit noch ungebrauchter achse nemen und so lange um treiben, bis es feuer gebe'. Nun weist Kuhn (herabkunft 36—55; vgl. auch 68; 253) als uralte, allen Indogermanen gemeinsame art der feuererzeugung die drehung eines stabes in einer durchborten scheibe nach. Wir werden daher achse und rad in jener rituellen verwendung als spätere umbildungen diser älteren, einfacheren werkzeuge an sehen müßen. Daß der gedrehte stab spitz war, ließe sich schon von vorn herein an nemen, es ergibt sich auch noch auß ferneren notizen bei Grimm a. a. o. Diser spitze stab legitimiert sich demnach als urbild der achse, und es leuchtet ein, wie *aksas* 'der scharfe' zu seiner bezeichnung verwant werden konte. Später, aber noch vor der spaltung der Indogermanen in einzelne stämme, erfand man den wagen*)

---

*) Diß geht auß der in den meisten indogermanischen sprachen überein stimmenden benennung des selben hervor; sk. *váh-a-s*, gr. $\digamma\acute{o}\chi$-o-ς, slaw. *voz-ú*, lit. *vaż-y'-s* (schlitten), ahd. *wagan*.

und benante die stange, welche durch die durchborte scheibe des rades läuft, also mit dem primitiven feuerzeuge die gröste änlichkeit hat, mit dem selben worte wie dises. Einen beleg für disen erschloßenen vorgang finde ich im slawischen *osti* axis; in dem davon ab geleiteten *osti-nŭ* aculeus tritt die grundbedeutung der schärfe wider klar zu tage und erweist, daß auch *osti* ursprünglich nur die spitze stange gewesen sei.

Hier finden auch die weiterbildungen des sk. *ap-* waßer, urspr. *ak-*, ire stelle: ὀπό-ς = *aqu-a* = got. *ahv-a*. Über *aqua* vgl. Curtius II, 56; Corssen, krit. beitr. 50; Pott I, 109 u. a. Wenn Pott a. a. o. auch *amnis* als sk. **ap-nî* (waßer fürend) faßt, so ist diß lautlich unmöglich, da ursprüngliches *k* im lateinischen nicht zu *p* oder gar zu *m* werden kann; ab gesehen von der wilkür, welche in dem häufigen suffix *-nî* die wurzel *ni* (ducere) sucht. Von *aqua* komt der name der latinischen statt *Aqu-inu-m* 'Waßerstatt'. Die hierher gehörigen oskischen *Âp-uli* und *Ap-ina* = lat. *Aqu-inu-m* sind schon im ersten abschnitte berürt worden.

Ueber gotisch *ahva*, ahd. *aha, awa, owa*, nhd. *aue* vgl. Grimm I, 479; II, 260; Graff I, 18, 110, 504; Pott I, 109; Diefenb., g. w. I, s. 85 ff.; Schweizer, ztsch. XII, 303. Im althochdeutschen erscheint auch *â* statt *aha* in zusammen geseczten fluß- und ortsnamen, z. b. *Liubil-a* statt *-aha*, *Wiser-aa* statt *Wiser-aha* u. a. Daher stammen die noch jezt zalreichen deutschen orts- und flußnamen auf *a*, z. b. *Kahla, Leutra, Werra, Fulda* u. a. Zum sk. *ap-* stelt Graff (I, 159) auch das nur in fluß- und ortsnamen erhaltene ahd. *affa* 'wol fluß bedeutend'; z. b. in *Affa, Al-affa, Asc-affa* (davon *Ascaffinburg*) u. a. Wackernagel deutet auch *affo* affe als das überseeische tier, worüber wir uns des urteils enthalten, weil die erklärung von tiernamen wegen der stäts möglichen entlenung auß anderen sprachen ser mißlich ist. Auch den namen der *Ubii* mit J. Grimm als 'flußanwoner' zu nemen hat vil bedenkliches.

Wie *aqua, ahva* im vergleich mit sk. *ap-* eine weiterbildung mittels *a* erfaren haben, so auch das gr. ὀπ-ό-ς, durch welches nicht mer das waßer im algemeinen, sondern das waßer in den pflanzen, der saft bezeichnet wird. Das deminutiv ὄπιον ist zur benennung des opium geworden; änlich wie auch wir in der redensart 'jemand ein tränkchen geben' unter tränkchen ein gift verstehen. Gegen die eben auf gestelte etymologie von ὀπός stehen Pott I, 109, Curtius II, 52, Corssen krit. beitr. 27, welche es mit *sucus*, ahd. *saf*, slaw. *soků*, lit. *sunka* vergleichen. Beide erklärungen sind mit den lautgesetzen im einklange; welches die richtige ist, läßt sich wol schwer entscheiden. Von ὀπός leite ich auch den statnamen Ὀποῦς für Ὀπό-εις 'waßerreich'; vgl. lat. *Aquînum*.

Gr. ἀκ-ή, ion. ἠκ-ή spitze = lat. *ac-u-s* (gen. *aci*) seefisch mit spitzem rüßel = got. *ah-a-n̥-* (nom. *aha*) verstand, ahd. *ah* gluma.

Von ἀκή muß ein verbum *ἀκόω zu spitzen gebildet sein, wie von κορυφή κορυφόω, von ζημία ζημιόω. Ein participium pass. dises ἀκόω ligt in ἀκοστή gerste vor, worin das σ unursprünglicher einschub ist, wie z. b. in γνωστός und dem homerischen ἀδάμαστος (von δαμάω; δαμάζω ist erst nachhomerisch) neben den ursprünglicheren γνωτός, ἀδάματος. ἀκοστή heißt also 'die geschärfte, zu gespizte' und verdankt den hacheln ire benennung ebenso wie die weiter unten erörterten lat. *agna*, got. *ahs*, *ahana*.

Bis auf das genus entspricht dem gr. ἀκ-ή genau lat. *ac-u-s*, welcher von seinem spitzen rüßel den namen 'spitzer' trägt.

ahd. *ah*, durch cluma glossiert, welches wol, wie Gf. I, 105 vermutet, gluma heißen soll, entspricht lautlich genau den beiden erwähnten lateinischen und griechischen worten und vermittelt sich in seiner bedeutung mit unserer wurzel wie die bei ἀκοστή genanten deutschen worte.

Ferner gehört hierher got. *ah-a-n-*, nom. *aha*, νοῦς, sinn, verstand; das *n* erweist sich als unursprünglich durch die ableitungen *inahs* klug, φρόνιμος und *ahjan* νομίζειν, meinen, wänen. Bopp gl. leitet es von sk. *ah* sagen, welchem es lautlich nicht entsprechen kann. Ich stelle es in die reihe der hier betrachteten worte mit der bedeutung 'der scharfe, der sehende, das geistige auge' (vgl. *ahma, hugs, acumen*). Mit Gf. I, 105 leite ich von im her ahd. *ahtôn* achten, putare. *âhtjan, âhtên, âhtôn* verfolgen, *âhta* acht, proscriptio, welche Gf. mit *ahtôn* verbindet, sind wol wegen der gänzlich ab weichenden bedeutung von unserer wurzel zu trennen. Gehören sie villeicht zu got. *ôgan, agis*?

Villeicht gab es einst einen dem gr. ἀκή, lat. *acus* entsprechenden deutschen stamm *ag-a egge, von dem ahd. *egjan*, und, mit assimiliertem *j*, *eckan* eggen ab geleitet ist. Ein derivatum ist *egjan* jedenfals, und ich vermute wegen der genanten (ἀκή und *acus*), daß es auf einen *a*-stamm zurück weise. Möglicher weise war jedoch der stammaußlaut des zu grunde ligenden wortes anders. Die egge ist im indogermanischen merfach nach den scharfen zänen benant (s. u. *oc-ca*, ὀξ-ίνη).

Die noch übrigen bildungen mit suffix -*a* ziehen sich nicht, wie die bisher behandelten, durch merere sprachen hindurch, können daher nur nach den einzelnen sprachen auf gefürt werden.

1. Sanskrit: *amç-a-s* teil; B.-R. s. v. *aç* leiten es richtig von *aç* ab mit der mutmaßlichen grundbedeutung 'anteil', d. h. das erlangte (*aç* erlangen). Sorgfältig davon zu trennen ist *amças* schulter, welches auß *amsas* entstanden ist (s. o. s. 15).

2. Griechisch: Von der reduplicierten wurzel kommen: ἀκ-ωκ-ή spitze, schneide (Curtius I, 101; Pott I, 143); ὀπ-ωπ-ή anblick, gesicht; mit schwächung des wurzelvocals zu ι ὀπ--ι'π-η-ς (Curt. II, 51). Alle dise worte weisen auf eine grundform *ak-ak-a* zurück, welche sich in dise drei lautlich wie begriflich verschidenen individuen gespalten hat. Es ist diß ein beispil der benutzung secundärer lautwechsel zur bezeichnung von functionsunterschiden. Von ὀπίπης ist ὀπιπεύω äugeln ab geleitet, die nebenform ὀπιπτεύω hält Curtius wol mit recht für verderbnis, sie scheint der analogie der verba auf -τεύω iren ursprung zu verdanken, welche von nomina agentis mit dem suff.-τεύς auß gehen.

3. **Altbulgarisch**: *kos-a* falx. Miklosich (lexicon s. v. und radd. p. 16) siht *kos* als wurzel an und vergleicht lit. *kàs-ti* graben, sk. *kaç, kas*, welches vom grammatiker Kâçinâtha durch 'verletzen' erklärt wird, eine zweifelhafte, bisher in der sprache noch nicht auf gefundene wurzel (Schleicher ksl. 96 anm.). Von lit. *kàsti* trent es die bedeutung. Ich betrachte nun *kos* als eine weiterbildung von *ka, ko*. Gerade das slawische ist überreich an derartigen weiterbildungen vocalisch außlautender wurzeln. Vgl. *pa* tueri (Mikl. radd. 4), *pas, sŭ- -pas-ti* servare (a. a. o. p. 11); *ba* fabulari (p. 4), *bas* loqui (p. 10); *bri, brŭs* tondere (p. 5; 21); *bĕ, bĕs* splendere (p. 9; 23), vgl. sk. *bha, bhas*; *mĕ, mĕs* metiri (p. 9; 24) u. a. Von diser durch *s* vermerten wurzel ist *kosa* mittels suffix *a* gebildet, es bezeichnet also ein scharfes, schneidendes instrument, speciell die sichel. Das *s*, welches sonst zwischen vocalen in der regel zu *ch* wird, hat sich erhalten, wie in *nosŭ* = *nasus*. In betreff der bedeutung vgl. ἀξίνη, *ascia*, got. *aqizi*, welche auch schneidende werkzeuge bezeichnen.

4. **Gotisch**: *hug-s* sinn, verstand, ahd. *hugu, hugi*, davon got. ahd. *hugjan* denken u. a. Gr. II, 50 leitet sie von der selben wurzel wie *háuhs* und erklärt *hugu* als den auf steigenden gedanken; eben so Diefenb. II, 576. Doch Grimm (gesch. 401) verwirft dise erklärung stilschweigend, indem er *hugjan* = *cogitare* sezt, welches aber sicher auß *co-agitare* entstanden ist. Bopp (gl. 242) fürt *hugs* zurück auf sk. *çank*, Benfey (II, 160) und L. Meyer (or. occ. I, 623) folgen im hierin. Selbst zu gegeben, daß die descendenten von *çank* one nasal erscheinen können, so divergieren doch die bedeutungen alzu ser, um einen zusammenhang warscheinlich zu machen. *çank* heißt nach Westerg. 1) suspicari, diffidere, addubitare 2) opinari 3) metuere, timere, es ligt im also deutlich der begriff des zweifels und der furcht zu grunde. Von allem dem zeigt sich bei *hugjan* keine spur, es übersezt die griechischen außdrücke νομίζειν, δοκεῖν, φρονεῖν, *hugjan hauhaba* ὑψηλοφρονεῖν, *vaila hugjan* εὐνοεῖν: vgl. Gab. u. L. s. v. Auch Westergaards zusammenstellung von *hugs* mit sk. *çak'i* intellectus, Indri uxor

kann ich nicht billigen, da neben çak̑'î auch sak̑'i existiert, welches von sak̑' sequi nicht zu trennen ist. Das palatale ç hat sich hier, wie bisweilen, auß s entwickelt. Wenn wir nun *hugs* als eine reduplication von *ak* faßen, so steht dem lautlich nichts im wege und von seiten der bedeutung bieten sich zur stütze dar das oben erwähnte got. *aha*, sk. *çi* attentum esse und *îks'*, welches nach B.-R. u. a. bedeutet 'mit dem geistigen auge schauen, bei sich denken, auf einen gedanken kommen', ferner 'auf etwas achten, berüksichtigen.' So würde sich also *hugs* entweder durch den begriff des sehens mit der grundbedeutung der schärfe vermitteln laßen, oder wie *aha* geradezu die schärfe, die geistige schärfe sein (vgl. lat. *catus* urspr. scharf, dann schlau).

Hier findet auch das vil behandelte *hôh-an-*, nom. *hôha*, pflug seine stelle. Die hypothese Grimms (III, 416), daß *occa* = *hoha* sei, insofern jenes für *coca oder dises für *ohha stünde, ist wol unhaltbar. Kuhn vergleicht *hoha* mit sk. *kôka* lupus, weil *vrka* lupus vêdisch auch aratrum bedeutet. Dann müste es *hiuha oder *hauha lauten, got. *ô* ist aber bekantlich ein *a*-vocal, und die gezogene parallele scheint keineswegs so treffend, daß sie uns zwänge eine mischung der *a*- und *u*-reihe an zu nemen. Diefenb. (II, 593) schwankt, ob er es zu *hahan* oder *hugs* arvum aratum stellen soll. Völlig verkert ist der versuch von Woeste (ztsch. III, 80), *hoha* mit *pflug* zusammen zu bringen, welche er dann beide mit *colere* vergleicht. Abgesehen von den unerhörten lautwechseln, welche er der sprache zu mutet, ist *pflug*, ahd. *phluoc*, gar kein deutsches wort, sondern auß dem slawischen entlent: ksl. *plugŭ*, bulg. *plug*, croat. serb. *plug*, klruss. *pluh*, russ. *plugŭ*, čech. *pluh*, poln. *plug*, lit. *plúgas*, rum. *plug*. Schleicher (ksl. 104) hat schon längst die richtige etymologie von *plugŭ* gegeben. — Daß *hôha* unserer wurzel an gehöre, hat L. Meyer (ztsch. VI, 8 und or. occ. II, 85) erkant, er vergleicht es mit ἀκωκή, welches im ser nahe steht. Das *n* in *hohan-* ist speciell gotische neubildung. *hoha* bedeutet die spitze, das scharfe instrument. Genau entspricht im das lit. *kó-k-a-s* kegel, welches den kegel nach seiner zu gespizten gestalt bezeichnet. Von *hôha* komt ahd. *huohili* aratiuncula (Gf. IV, 798).

Mit suff.-*a* von der weiter gebildeten wurzel ist got. *hvôt-a* drohung gebildet, welches schon oben erörtert ist. Der begriff der schärfe, welcher in den nächstverwanten ahd. *hwas, hwezjan* u. a. noch klar vor ligt, hat sich hier zur scharfen rede, zur drohung specialisiert.

3. Suffix -*i*.

Griech. *ŏκ-ι* auge = lit. *ak̀-ì-s* auge; von der weitergebildeten wurzel entspringen sk. *akš'-i* n. = altb. *as'-i* n. auge.

akš'i erscheint nicht in allen casus, die so genanten schwächsten entlent es von *akš'-an-*. Unsere ansicht über das *š'* haben wir schon oben gegeben; wir halten es daher weder mit Kuhn (ztsch. XI, 313) für einen stelvertreter von *j*, noch mit Benfey (I, 227) für das desiderative *s*.

Von gr. *ŏκι* ist nur der dual ὄσσε, d. i. *ŏκ-j-ε*, erhalten. Das σσ ist nicht auß *ks* entstanden, wie Benfey (I, 227) und L. Meyer (ztsch. V, 379) wollen, ein solcher lautübergang ist im griechischen noch nicht nach gewisen. Daher ist der nom. sg. nicht mit inen als τὸ ὄσσι an zu setzen, sondern als ὄκι, das *ι* wurde vor folgendem vocale zu *j* und assibilierte das *κ*. Im entspricht bis auf das genus genau lit. *akìs* (Bopp III, 383), welches mannigfaltige sproßen getriben hat: *ant-akis* augenbraue (wörtl. auf-auge); *akylas, akylus* augen habend, vorsichtig; das denominative *ákinti-s* augen bekommen (von gewächsen), gebildet wie *áuksinti* vergolden von *áuksas, báltinti* weißen von *báltas* u. a.; vgl. Schleicher lit. gr. s. 166, § 73. Von einem anderen denominativum *akė'ti* hat sich nur das part. praes. erhalten in dem zusammen geseczten *isz-ak-ė'jęs* äugig, d. i. löcherig, porös. Über *at-ankù* s. o. s. 23.

Im griechischen finden sich noch zwei von den eben behandelten zu trennende bildungen der einfachen wurzel: *ὄπ-ι-ς* und *ἀκ-ί-ς*. *ὄπις* rüksicht auf begangene verbrechen, d. h. bestrafung, davon *ὀπίζομαι* für *ὀπίjομαι* (vgl. Curtius II, 219)

ursprünglich 'rüksicht nemen,' in der vorhandenen sprache
nur in der bedeutung 'scheuen, fürchten.' Die bedeutung
vermittelt sich ser einfach mit der des sehens, schon sk. *îkš*
heißt, wie oben erwähnt, 'berüksichtigen.'

ἀκίς, gen. ἀκίδος, spitze, davon ἀκίζω spitzen; das δ halte ich
mit Curtius (II, 207 ff.) für unursprünglichen vorschlag, der das folgende *j* vernichtete, auß *ἀκι-ος ward *ἀκιj-ος, *ἀκιδj-ος, *ἀκιδ-ος*.

Von der erweiterten wurzel sind hier zu nennen: lat. *ax-
-i-s* = ksl. *os-ĭ* = lit. *asz-ì-s* (Pott I, 85; Schleicher ksl. 39;
98; 145). Lautlich identisch mit inen sind die oben erwähnten
sk. *akš'i*, altb. *as'i*, welche wir jedoch wegen der völlig abweichenden bedeutung schon oben mit den begriflich inen homogeneren *ὄκι, *ακ-s* in zusammenhang betrachtet haben. Das
mit *axis**) u. s. w. functionell identische sk. *akš'as* fand schon
seine erledigung. Die entstehung des zischlautes im slawischen
und litauischen ist oben (s. 15) erklärt. Auch im griechischen
muß einst ein entsprechender *a*- oder *i*-stamm vorhanden gewesen sein. Diß läßt sich auß dem mythischen namen Ἰξίων
erschließen, welchen schon Kuhn (herabk. 69 anm.) als zu *akš'as*
u. s. w. gehörig erkant hat. Anders Pott ztsch. VII, 85.
Kuhn erklärt Ἰξίων als *ἰξι-Ϝον-* = sk. *akš'a-van-* 'radbegabt,
radträger.' Jedes falles ist Ἰξίων nicht zu trennen von den patronymicis auf *-ιων*, wie Κρονίων, Ἀκτορίων, Δημητρίων u. a.,
mag man deren suffix mit dem des comparativs identificieren,
wie Corssen (ztsch. III, 299) tut, oder mit Curtius (II, 212) es
als *-ιο* mit dem 'amplificativen' *-ων* an sehen, oder endlich die
Kuhnsche ansicht teilen. Ob der zu grunde ligende stamm
ἰξι oder *ἰξο* gelautet habe, läßt sich nicht sicher entscheiden;
für ersteres sprechen lateinisch, slawisch, litauisch, für lezteres
das sanskrit. Der an das ewig rollende rad gefeßelte Ἰξίων

---

*) Auß der vereinzelten späten schreibung *assis* folgert L. Meyer (ztsch.
V, 379), daß auch *as*, gen. *assis*, stamm *assi* mit sk. *akš'i* identisch sei.
Er stüzt seine etymologie durch ὄσσε, in welchem er auch fälschlich σσ
als vertreter von *ks* an siht (s. o. *ὄκι). Der wechsel von *x* mit *s*, *ss* im
lateinischen ist für die ältere sprache entschieden zu leugnen, er zeigt sich
erst im vierten jarhundert n. Chr.; vgl. Corssen, kr. beitr. 495.

ist also 'son der achse, des rades' benant. Daß diß rad das sonnenrad sei, hat Kuhn a. a. o. mit warscheinlichkeit vermutet.

4. Suffix -u.

sk. âç-u-s schnell (comparat. âçîjân, superl. âçis't'has = altb. âç-u-s (âçjâo, açistô oder âçistô) = ὠx-ύ-ς (ὠxίων, ὤxισιυς) = lat. ac-u- (pedius) (ôcior, ôcissime) = lit. *akva-; Curtius I, 101; Bopp III, 384. In allen disen hat sich der begriff der schärfe zu dem der schnelligkeit entwickelt, wie wir es schon öfter bemerkt haben. Das skr. âçus bezeichnet auch substantivisch den raschen, das ross, so in dem compositum âçu-hês'as einer dessen renner wiehern (von den Açvin gebraucht). Diß ist wichtig für die bedeutungsentwickelung von açvas pferd (s. u.). Beachtenswert ist das altb. açîsti- schnelligkeit, welches vom superlativ açista- ab geleitet ist.

Vom gr. ὠxύς leite ich 'Ὠxεανός, d. i. ὠxεϝ-ανο-ς. Der außlaut von ὠxυ- ward nämlich, wie in den casib. obl. ὠxέϝ-ος u. s. w., gesteigert und mit dem häufigen suff. -ανο versehen. Wie λίτ-ανο-ς bittend von λιτή bitte, χλιδ-ανό-ς weichlich von χλιδή weichlichkeit, χλο-ανό-ς grünlich von χλόη grüner keim, χό-ανο-ς schmelzgrube von χοή guß, so komt ὠxε-ανό-ς von ὠxύ-ς. Diß' -ανο- bin ich in versuchung als nur individualisierendes suffix zu nemen, wie Curtius (ztsch. IV, 213) das -αινα, d. i. -ανjα, von θέαινα auf faßt. 'Ὠxεανός bedeutete also 'der schnelle' und es läge die selbe anschauung zu grunde, welcher das waßer überhaupt im indogermanischen seine benennung verdankt (s. o. ap- u. s. w.). Drei andere erklärungen gibt Benfey, welche aber sämtlich bedenklich erscheinen (gr. wz. I, 161; G. G. A. 1860, 22. 23. st., s. 223; vgl. auch Kuhn ztsch. IX, 240). Er sezt es: 1) = âçu-jâna- schnell gehend; 2) = âpa--jâna- von ap- waßer; beide erklärungen laborieren daran, daß sk. ja ire im griechischen nicht als α nachweisbar ist; endlich 3) = â-çaj-âna- der umlagernde (çi), welche leztere auch L. Meyer (gr. I, 334) adoptiert, der in griech. ω die sanskritische praeposition *â* nach zu weisen versucht; disen nachweis können wir aber noch nicht als gefürt an sehen.

Im lateinischen ist das entsprechende *acu-* one die bei adjectivischen *u*-stämmen sonst übliche vermerung durch *i* in dem compositum *acu-pedius* erhalten. Fest. ed. Müll. p. 9: 'acupedius dicebatur cui praecipuum erat in currendo acumen pedum.' Da das *a* von *ăcumen* kurz ist, wird also auch *ăcupedius* gesprochen sein, mithin dekt *ăcu-* nicht genau das sk. *âçu-*, da es der steigerung entbert. In diser hinsicht entspricht *ôcior, ôcissime* genau den steigerungsgraden der anderen sprachen. Vom positiv ist nur das adv. *ôciter*, und auch diß nur in der älteren sprache belegt. Der nom. sg. ist wol als *ôcis für *ôcvis, *ôquis an zu setzen nach der analogie von *le(g)ris* (sk. *laghus*), *bre(g)ris* (gr. βραχύς), *sua(d)ris* (sk. *svâdus*) u. a. Corssen (ztsch. III, 248) fürt auß Fest. p. 195 das superlativadverb *oxime* an, bei welchem die endung urspr. *-tamas* unmittelbar an den wurzelaußlaut getreten ist, wie in *maximus, optimus*.

Pott (II, 279) sucht in den lezten bestandteilen von *vel-ôc-, cel-ôc-, fer-ôc-, loqu-âc-* u. a. verwante von *ôcior;* daß dise *ôc-, âc-* aber nur suffixe sind, hat Corssen (kr. beitr. 522 ff.) dar getan.

Ferner hat man im ersten teile von *acci-piter* einen vertreter von sk. *âçu-* zu finden gemeint. Pott (ztsch. VI, 267) hält das *cc* für vertreter von *qu* und sezt *acci-piter* = ὠκύ- -πτερος. Wo aber fände sich sonst *cc* = *qu*, d. i. *cv*? Benfey (ztsch. IX, 78 ff.) weist in einer stelle des Rigvêda *âçu-patvan-* schnell fliegend als epitheton des *çjêna* nach und schließt daraus, daß es der 'reflex' von *accipiter* sei, und L. Meyer (vgl. gr. II, 128) folgt diser etymologie. Die selbe lautliche unmöglichkeit wie eben. *âçupatvan-* würde lateinisch etwa *ôcipetôsus* zu lauten haben. Wie *accipiter* zu erklären sei, bleibe dahin gestelt*), fest steht nur, daß es mit sk. *âçu-* nichts zu tun hat.

---

*) Grimm (gesch. 400) sezt es = *hapuh* und Pott (II, 278) hält auch einen zusammenhang mit *accipere* für möglich. Beide erklärungen sind nicht ganz evident.

Auch im litauischen hat sich eine spur des dem sk. *âçu*-entsprechenden wortes erhalten in *akvatà* heiterkeit, munterkeit und dem davon ab geleiteten *akvatùs*, d. i. **akvatjas* (s. verf. in beitr. z. vgl. sprforsch. IV, 257 ff.). Diß wort zeigt deutlich das suffix *-ata*, welches in *sveik-atà* gesundheit, *gyv--atà* wonbesitz u. a. vor ligt. Wie *gyv-atà* von *gy'vas* komt, so weist *akr-atà* auf **akvas* zurück. Diß **akvas* halte ich für eine weiterbildung von urspr. *âkus*; wie *lèngvas* auß *laghus*, so ist **âkvas* auß *âkus* entstanden.

Altbaktr. *ak-u-s* m. spitze = lat. *ăc-u-s* nadel. Altbaktrisch *akus* m. leitet Justi von *ak'* *aṅk'* 1) gehen 2) biegen, von welchem es aber die bedeutung entschiden trent. Es stimt ganz genau zu lat. *ăcus* in laut und bedeutung. Über *ăc-u-s* vergl. Curt. I, 101; Pott II, 486; I, 231; Bopp III, 386. Von *acus* ab geleitet ist das denominativum *acuĕre* schärfen, d. h. eigentlich zur nadel machen. Von *acuĕre* ist *acûmen* schärfe gebildet, welches meist, auf das geistige übertragen, scharfsinnigkeit bedeutet. In der bei *acupedius* citierten stelle des Festus hat es noch den sinn 'schnelligkeit'. Ein deminutivum von *acus* mit der seltenen endung *-âleus* ist *acûleus* stachel, eigentl. nädelchen; vgl. Schwabe dem. 63.

Die übrigen bildungen mittels des suffixes *-u* werden am besten nach den einzelnen sprachen auf gefürt, da sich in den verschidenen sprachen weiter keine lautlich und begriflich überein stimmenden worte finden.

1. **Sanskrit:** *akś'-u-s* eine art netz. Die bezeichnung rürt sicherlich von den augen, d. i. maschen, des netzes her. Eine bedeutsame parallele findet sich im litauischen, wo *akìs* auch eine masche im netze bedeutet (Ness.).

k'akś'-u auge mit der nebenform *k'akś'-us* n., welche sich zu einander verhalten wie *dhan-u* bogen zu *dhan-us*.

ainç u-s 1) faser, schoß, stengel (der somapflanze) 2) stral 3) glanz 4) sonne B. R. Auch im altbaktrischen findet sich das wort (Yaçn. IX, 52 *nāmj-āçus* 'mit feuchten stengeln' Spiegel). Als hauptbedeutung, auß welcher sich die anderen entwickelten, sehe ich 'stral' an. Daß die stralen als geschoße

des sonnengottes betrachtet wurden, ist bekant, man braucht
nur an die κῆλα ϑεοῖο Il. α, 53 zu erinnern. Die selbe vorstellung wird uns noch bei ἀκτίς und sk. açman- mit seinen ge-
schwistern begegnen. Sie ligt auch vor in tar an'is m. stral von
tar durchdringen. Und so sehe ich in aṁçus das geschoß, indem ich das wort von aç ab leite. Oben sahen wir schon auß
aç durch nasalierung aṁças teil, d. h. das erlangte, der anteil,
entstehen, auf änliche weise entspringt darauß aṁçus mit ac-
tiver bedeutung, der erlangende, d. h. treffende, das geschoß,
stral. Diß wird dann übertragen auf alles stralenänliche, fa-
sern, stengel u. a. Bemerkenswert ist, daß es gerade den
stengel der somapflanze bezeichnet, welche mit dem geschoße
oder donnerkeile des gottes in genauem zusammenhange steht,
wie Kuhn (herabk.) nach gewisen hat. Dise mythische zusammengehörigkeit findet hier auch iren sprachlichen außdruck.

2. Griechisch: ὀξ-ύ-ς; seine abstammung von unserer
wurzel haben Benfey (I, 162) und Aufrecht (ztsch. I, 365) erkant. Die etymologie Potts (II, 164), der es von ξύειν her
leitet, wird durch das nicht davon zu trennende ὄξος vernichtet,
in welchem sich deutlich ὀξ, nicht ξυ, als wurzel ergibt. Die
nahe verwanten begriffe der schärfe und der scharfen, schnellen
bewegung sind auch in iren sprachlichen außdrücken nahe verwant: ὀξύς: ὠκύς = nord. hvass: hvatr = ácer: açu-, ôcior =
catus: citus. Im griechischen ist diser zusammenhang im sprachgefüle auch noch lebendig gewesen, wie die glosse ὠκύνω ὀξύνω
Hes. zeigt. ὀξύα buche hierher zu stellen, wie Benfey (I, 162)
geneigt ist, scheint mir bedenklich. Hienge es mit ὀξύς zusammen, so hätte man *ὀξέα oder gar ὀξεῖα zu erwarten. Wenn nun
in der späteren sprache ὀξέα wirklich erscheint, so kann man
diß auf rechnung der volksetymologie setzen, welche sich für
das dunkele wort nach einem anhalte innerhalb des noch verstandenen sprachgutes um sah.

Die nordische sprachsippe hat keine bildungen unserer
wurzel mit dem suff. -u, weil diß entweder ganz verloren ist,
wie im slawischen, oder doch ser im abnemen begriffen.

5. Suffix -ja.

ἄπ-ιο-ς birnbaum, ἄπ-ιο-ν birne sind schon im ersten abschnitte erörtert. Hier sei nur noch bemerkt, daß wir in ἄπιον nicht mit Goebel (ztsch. X, 397 ff.) die spitze frucht sehen können, da unsere wurzel in diser bedeutung im griechischen nie als ἀπ, sondern nur als ἀκ, ὀκ erscheint. Es ist warscheinlich die wäßrige, saftige frucht, wie oben gezeigt.

Lit. ùp-ė fluß ist schon oft mit sk. *ap*- verglichen worden One hin reichenden grund bezweifelt Curtius (II, 57) die berechtigung diser zusammenstellung, weil im kein sicheres bei spil des labialismus im litauischen bekant sei. Es genüge diserhalb auf Schleicher (comp. s. 256) zu verweisen. Formell ist ùpė ser nahe verwant mit ἄπιον, ἄπιος.

Ὄσσα, d. i. *Ὀκ-ja = ăc-iê-s = ahd. *ekka* ecke. Curtius (II, 51) ist geneigt Ὄσσα zu ὄσσομαι zu ziehen; ich möchte es jedoch nicht unmittelbar hiermit verbinden, sondern direct von unserer wurzel ab leiten. Formell ist natürlich beides einerlei, da auch ὄσσομαι für *ὄκ-jομαι steht (s. o.), aber für die bedeutung ist es wesentlich den ursprung von Ὄσσα genau zu ermitteln. Leitet man es nämlich von ὄσσομαι, so würde Ὄσσα etwa den sichtbaren, weithin sichtbaren berg bedeuten. Stelt man es aber mit ὀκ-ρι-ς ἀκ-ρο-ς u. a. zusammen, so heißt es 'spitze, felsspitze', und diß ist mir warscheinlicher wegen der ganz genau entsprechenden *acies* und ahd. *ekka*. Lezteres ist auß *ek-ja, *ak-jâ entstanden, indem sich j dem k assimilierte, wie in dem verwanten *eckan* auß *ekjan, egjan*. In die deutsche grundsprache zurück übersezt würde das wort *agja* lauten; es wäre also inlautend g für das ursprüngliche k ein getreten, wie in *egjan*.

Ob lat. *câ-ja* prügel (Plaut. fragm.) hierher zu stellen sei, will ich unentschieden laßen; sk. çâ-ja-ka-s an arrow, a sword, welches mit *câja* verwant zu sein scheint, wird zweifelhaft durch die nebenform *sâjakas*.

Die von den dornen benante ἀκ-ακ-ία ist hier auch zu erwähnen.

Von einem alten *ὄπ-ιο-ς hat sich nur der acc. sg. fem. in ὄβδην, ἐσοβδην angesichts als adverb erhalten. Über das suffix -δην s. Curtius II, 215. Auß *ὀπ-ίη-ν ward *ὄπ-jη-ν, *ὄπ-δjη-ν, *ὄπδην und mit rükwirkender assimilation ὄβδην. Daß die adverbia auf -δην wirklich, wie Curtius a. a. o. nach weist, accusative sind, findet in unserem falle noch speciell seine bestätigung, indem die praeposition ἐς in ἐσόβδην den accusativ klar vor augen legt.

6. Suffix -va.

Urspr. ak-va-s = sk. aç-va-s = altb. aç-ρô = ἵππος, d. i. *ἴκ-ϝo-ς = eq-uu-s = lit. asz-va = got. *aíh-v-s, alts. ëhu-. Pott II, 54; Bopp I, 15; 34; Curtius II, 49; Corssen kr. beitr. 49; Pictet orig. indo-europ. I, 344 ff. Nur das slawische hat diß wort nicht.

Im skr. wird von aç-va- mit dem comparativsuffix -tara gebildet aç-va-tara-s maultier, eigentl. 'mer pferd' (*ἱππότερος), scil. als der esel.

ἵππος hat unursprüngliche aspiration. Das zunächst auß *ἴκ--ϝo-ς entstandene ἴκκος wird bezeugt Et. M. p. 474, 12 ἴκκος σημαίνει τὸν ἵππον, ebenso durch den eigennamen Ἴκκος in Tarent und Epidauros. Auch das ältere ἵππος findet sich in eigennamen und dialektischen formen Λεύκ-ιππος, Ἀλκ-ιππος u. a.; s. Curtius a. a. o. Die Kuhnsche anname (ztsch. II, 271), daß açvas zunächst zu *ἵhπος und diß mit doppelter vertretung des h ἵππος geworden sei, weist Curtius (ztsch. III, 411) mit guten gründen zurück und nimt unursprüngliche aspiration an, für die er noch als beispil ἥλιος neben ἀπηλιώτης an fürt. Pott (II, 260) stelt auch den erbauer des troischen rosses Ἐπειός hierher und Sonne (ztsch. X, 412) erklärt auch Ἔπαφος für ein deminutiv von ἔπο- = ἵππο-. Beide annamen sind nicht erwisen, wol auch schwer zu erweisen.

Vom jezt veralteten lit. aszva stute komt aszutaí pferdehare, in welchem das v zu u vocalisiert ist, wie in alts. ëhu für *ihva.

Im deutschen hat sich das entsprechende wort erhalten als alts. *ēhu-(scalc)*, ags. *eoh*, altn. *jôr*, got. **aíhv-s*. Lezteres hat J. Grimm auß *aíhva-tundi* erschloßen, durch welches Ulfilas das gr. βάτος dornstrauch wider gibt. Gr. I³, 52 sezt er den nominativ als *aíhvs* oder *aíhvus* an, nach *aíhva-* kann man jedoch nur *aíhvs* an nemen, worauf auch alle anderen sprachen weisen, welche das suff. -*va*, nicht -*vu*, bieten; vgl. noch Gr. III, 325; Diefenb I, 27; II, 726. Dietrich (zur sem. sprachf. 88 f.) bei Diefenb. siht fälschlich in *aíhva* den dorn, indem er es mit ἄκϝανϑα (woher ϝ?) *acus, acuere* vergleicht. Der zweite teil von *aíhva--tundi* ist verwant mit ahd. *zuntara*, nhd. *zunder* fomes (vgl. Grimm myth. 1163). Grimm (gr. I³, 50) meint, das gotische wort bezeichne einen bestimten strauch, villeicht equisetum oder ἱππουρις. Wenn es auch mit disen nicht identisch ist, so hat es doch das mit inen gemein, daß in allen dreien der name des pferdes den ersten teil des pflanzennamens bildet. Es· laßen sich derartige noch merere an füren, z. b. ἱπποσέλινον großer eppich, ἱππάκη eine hülsenfrucht, ἱππολάπαϑον rossampfer, ἱππομάραϑρον großer fenchel, vgl. unser *pferdebone*, *pferdenuß*. *rossampfer*, *roskastanie*. Auch mit tiernamen wird ἵππος verbunden: ἱππέλαφος, ἱπποκάνϑαρος, ἱππότιγρις. In allen disen zusammensetzungen wird durch ἵππος oder *pferd* die größe auß gedrükt (vgl. auch ἱππόπορνος). Änlich könte *aíhva-* in unserem worte nur das *tundi* verstärken, *aíhva-tundi* wäre dann der große zunder. Villeicht läßt sich hierauß ein schluß ziehen. Kuhn (herabk.) hat nämlich ermittelt, daß die Indogermanen ursprünglich das feuer durch reibung zweier verschidener hölzer in einander gewannen und daß hierbei der dorn eine wichtige stelle ein nimt, indem bei Deutschen, wie bei Griechen und Römern, sein holz für heilige und festliche feuer verwant wird (a. a. o. 46). Ich glaube daher nicht vil zu wagen, wenn ich auch die benennung des dorns von diser sitte her leite. Ich sehe nämlich in *aíhva-tundi* den großen zunder, d. h. den zunder κατ᾽ἐξοχήν, d. h. den zur entzündung heiliger feuer gebrauchten. Es deutete dann das vergrößernde *aíhva-* hier die heiligkeit an. Dabei konte, wenn man noch die ursprüngliche bedeutung des selben fülte, im hintergrunde eine erinnerung an die heiligen rossopfer der deutschen göttervererung durch schimmern.

Da also, wie wir gesehen haben, fast alle indogermanischen sprachen unser wort besitzen, läßt es sich mit sicherheit der ursprache zu schreiben als *ak-va-s* mit der bedeutung 'der schnelle'. Ich erinnere dazu an das lautlich ser nahe verwante sk. *áçu-s* celer, welches als substantiv geradezu das ross bezeichnet (s. o.). Auß diser bedeutung läßt sich der weitere schluß ziehen, daß die Indogermanen schon vor irer spaltung in einzelne völkerschaften das ross als zugtier benuzten. Denn hätten sie es nur wild gekant, so wäre die bezeichnung 'schneller' nicht ser passend, da das pferd sich unter den wilden tieren gar nicht besonders durch seine schnelligkeit hervor tut. Gebrauchten sie es aber als haustier zur beschleunigung des transportes, so past der name, welchen sie im gaben, völlig zu der eigenschaft, die fast allein es dem menschen schäzbar macht.

Es bleibt noch ein gotisches wort zu erwähnen, welches mittels suff. -*va* gebildet ist, aber in keinem directen zusammenhange mit den eben behandelten steht: *uht-vô* morgenzeit. ahd. *uoht-a*. Aufrecht (ztsch. V, 135) leitet es von *vakan* ab, es wäre also auß *vahtvô* vigiliae durch contraction von *va* zu *u* entstanden. Beispile einer derartigen contraction im gotischen sind mir aber unbekant. Außerdem erweist ahd. *uohta* diluculum (Gf. I, 138), daß der wurzelvocal ursprünglich *a* ist. Dem ahd. *uoht-* entsprechend hätte man got. *ôht-* zu erwarten, und diß findet sich wirklich an einer stelle (Tim. 2, 4, 2 *ôhteigô εὐκαίρως*, welches also wol kein schreibfeler ist). In dem *u* der üblicheren *uhtvô*, *uhteigs* u s. w. sehe ich nun keine schwächung auß urspr. *a*, sondern eine übergangsstufe zu ahd. *uo*. Denn das *u* ist trotz des *h* nicht gebrochen, also lang. was es als schwächung nicht sein könte. Ich halte es daher für dialektische färbung von *ô*, welchem sich, wie in ahd. *uo*, ein *u* bei gemischt hat. Die bei Diefenb. I, 107 ff. auf gestelten vergleichungen beruhen alle auf der falschen annahme, daß *u* grundvocal der wurzel sei. Was nun die bildung von *uhtvô* an geht, so halte ich *-vô*, nicht *-tvô*, für das suffix, obwol sich im gotischen *-vô* mit sicherheit nur in dem einzigen *band-vô* zeichen, *-tvô* hingegen öfter nach weisen läßt; vgl. Gab. und Loebe gramm. s. 113, § 144 bb. Es bestimmen mich hierzu die verwanten adjectiva *uhteigs* und *uhtiugs* zeit habend, in denen das *t* zur wurzel gehört. Dise worte direct von *uhtvô* her zu leiten, sie also auß **uhtveigs *uhtviugs* entstanden zu glauben, ist nicht gestattet, da ein derartiger schwund des *v* nicht zu belegen ist. Ahd. *uohta* scheint diser ansicht auch zur stütze zu dienen; freilich wäre hier die möglichkeit, daß *v* geschwunden wäre wie in *gazza* = got. *gatvô*, *sinchan* = *siggan*. *sëhan* = *saíhvan*. Ich neme nun an, daß dem ahd. *uohta* entsprechend im gotischen ein **uhta* oder **uhtô* neben *uhtvô* bestanden habe, auß welchem dann mittels der secundärsuffixe *-eig*, *-iug* die adjectiva *uht-eigs*, *uht-iugs* hervor giengen. Das feminine suff. *-vô*, welches dann in *uht-vô* vor ligt, ist urspr. *-vâ* mit der speciell gotischen weiterbildung durch *n*. Somit läge *ûht* = *âkt* als gesteigerte weiterbildung der wz. *ak*, got. *ah*, zu grunde Das *t* ist durch einfluß des vorher gehenden *h* vor der verschiebung bewart. Was nun die bedeutung von *uhtvô* betrift, so glaube ich, daß es ursprünglich die stralende morgenröte bezeichnet habe (vgl. sk. *aktus*, $\mathring{\alpha}\varkappa\tau\acute{\iota}\varsigma$ stral), dann die morgenzeit.

7. Suffix *-vi*.

Das seltene suffix *-vi* bildet im sanskrit einige adjectiva und appellativa, z. b. *ǵîr-vi-s* schädlich (wz. *ǵr̥*, *ǵar*), *ǵ'âgr-vi-s* könig (*ǵ'âgar* wachen); s. Bopp kl. sk. gr. s. 404. Diß suffix neme ich nach Curtius (II, 87) in ὄφις an. Man könte sich ein sk. **ak-vi-s* blickend denken, worauß **ὄκ-ϝι-ς*, **ὄπ-ϝι-ς* und durch die aspirierende kraft des ϝ ὄφις ward. Für dise etymologie spricht, wie Curtius erwähnt, daß ὄφις bei Hom. trochäisch gemeßen wird, daß also die in dem φ enthaltene doppelconsonanz metrisch noch nach wirkt. Für die bedeutung bietet sich als parallele der auch von Curtius (II, 51) herbei gezogene δράκων, welcher ebenfals vom blicke *(δέρκεσθαι)* benant ist. Benfey (1, 144), L. Meyer (gr. 1, 48), Förstemann (ztsch. III, 46) setzen ὄφις nebst ἔχις = sk. *ahi-s*, was Curtius (II, 68) mit recht ab weist.

Eine bestätigung der auf gestelten etymologie von ὄφις finde ich nun im lat. *aq-vi-la*, in welchem das erschloßene *ak-vi-* blickend mit suff. *-la* vermert erscheint. Der adler ist von seinem blicke benant, wie die schlange. Adler- und schlangenblick sind ja schon von alters her als besonders außdruksvoll erkant und haben zu vilfältigen sagen veranlaßung gegeben. Deutlich ligt die von uns in *aquila* gefundene vorstellung zu tage bei der griechischen bezeichnung einer adlerart ὀφθαλμίας, und Kuhns vermutung (herabk. s. 29), daß der adler wegen seiner blitzenden augen in der sage zum blizträger geworden sei, erhält so ire etymologische bestätigung. Daß *aquila* zur wurzel *ak* gehöre, hat man schon längst vermutet, den zusammenhang im einzelnen aber noch nicht genau nach gewisen, so Schweizer (ztsch. I, 152) und Pott (II, 54), der es, wie L. Meyer (vgl. gr. II, 236). mit sk. *âçu-s* zu verbinden scheint.

Von *aquila* nicht zu trennen ist der name des nordostwindes *aquilô*; er verhält sich zu jenem wie *nasô* zu *nasus*, *gulô*: *gula*, *buccô*: *bucca*, *labiô*: *labium*, *epulô*: *epulae* u. a. Wie *nasô* der nasenbegabte, so wäre *aquilô* der adlerbegabte; wie diß aber zu verstehen sei, möge ein anderer ermitteln. Auch *aquilus* dunkel, schwärzlich gehört zu *aquila*; Pott a. a. o. erklärt es wol richtig als 'adlerfarbig', obwol es der form nach weniger von *aquila* ab geleitet als im coordiniert scheint.

8. Suffix -*ra*, -*la*
unmittelbar an die wurzel tretend.

Da das *l* im indogermanischen sich erst auß *r* entwickelt hat, wie vor allem sein gänzliches felen im altbaktrischen und der umstand beweist, daß wir im verlaufe des lebens der indogermanischen sprachen immer mer und mer *r* durch *l* verdrängt sehen, aber nie den um gekerten vorgang bemerken, so haben wir das suff. *-la* nur als eine jüngere erscheinungsform von *-ra* zu betrachten. Daß *-ra* und *-la* in den meisten sprachen neben einander auf treten, darf uns dabei nicht stören; es ist diß einer der unzäligen fälle, in denen ein lautwandel nur bei einem teile der im auß geseczten formen statt fand und die hierdurch herbei gefürte differenzierung dann zu wortbildungszwecken benuzt ward. Das selbe gilt natürlich auch von *-ri, -li, -ru, -lu.*

sk. *aç-ra-s* eckig, *ak-ra-s* rasch, ungestüm = ἄκ-ρο-ς = lat. *ac-ro-* (nom. *acer*) = sl. *os-t-rŭ* acutus, *os-la* cos = lit. *asz-t-rù-s* scharf; vgl. Curtius I, 101; Bopp III, 386.

aç-ra-s erscheint am ende adjectivischer zusammensetzungen, z. b. *k'atur-açras* viereckig.

Wenn B.-R. zu *ak-ra-s* bemerken: villeicht von *ank'* (gehen), so widerlegt sich dise etymologie durch die an gefürten griech., lit., slaw. worte, denen sich auch lat. *ac-ro-* (seltene nebenform von *ac-ri-*) bei geselt. In allen disen ligt die grundbedeutung der schärfe klar vor, welche sich in *akras* zur schnelligkeit, heftigkeit modificiert hat.

Über ἄκρος vgl. Benfey I, 158. Von im komt außer vilen anderen ἀκρέμων ende des astes, wipfel, gebildet wie ἀρτέμων, ἡγεμών, κηδεμών; leztere freilich mit ab weichender betonung. Man muß wol, wie bei disen, erst ein verbum *ἀκρεῖσθαι* oder *ἀκρᾶσθαι* als vermittelung zwischen ἄκρος und ἀκρέμων an nemen. — Ἀκροᾶσθαι als zusammen geszt auß ἄκρος und οὖς (das or spitzen) zu erklären, was Pott (1, 138) für möglich hält, ist unrichtig; vgl. Curtius I, 120; II, 135; 295.

os-t-rŭ τομός, ὀξύς, acutus (Schleicher ksl. 39; 98. Das *t* ist wie in lit. *asz-t-rù-s* ein geschoben; s. comp. s. 251). In dem compositum *ostro-okŭ* acute cernens ist unsere wurzel zweimal in verschidenen bedeutungen enthalten. Von *ostrŭ* ist *ostríti* acuere ab geleitet, von welchem wider *ostrìna* acies und *ostrìje στόμα*, acies ferri her kommen.

Mit wandlung des *r* in *l*, und daher one' ein geschobenes *t*, ist *os-la* cos (Mikl. radd. 16) gebildet. In betreff der bedeutung vgl. unten sk. *çâ-na-s;* es bedeutet ursprünglich, wie dises, das zu gespizte instrument, nicht das schärfende. Diß geht auß der vergleichung mit *açras*, ἄκρος hervor. Der wezstein ist also nur von der äußeren gestalt, nicht von der eigenschaft des schärfens benant.

asz-t-rù-s, wie *ostrŭ*, mit ein geschobenem *t;* comp. s. 265, § 192, 1. Die litanischen adjectiva auf -*ùs* sind sämtlich auß *u*- und *ja*-formen gemischt und leztere meist die ursprünglicheren, wie verf. nach gewisen hat (beitr. z. vgl. sprf. IV, 257 ff.). So ist auch die grundform von *asztrùs* *ak-r-ja-s, d. h. eine weiterbildung von *ak-ra s*. *Asztrùs* gehört also nur mittelbar mit *akras*, ἄκρος zusammen.

Die übereinstimmung der sprachen berechtigt uns, schon in der ursprache *ak-ra-s* mit der bedeutung 'scharf' zu vermuten.

sk. *aç-ra-m* trähne (nebenform von *aç-ru*) = lit. *asz-arà* trähne.

Man hat *aç-ru*, *aç-ra-m* bisher zu δάκρυ, *dacrima, lacrima*, got. *tagrs* zähre gestelt und von sk. *daṁç* beißen ab geleitet; vgl. Bopp III, 247; 415; Benfey I, 233; L. Meyer gr. I, 40; II, 216. Bopp fürt als parallele für abfall des anlautenden *d* an: *agnis* für *dagnis (wz. *dah*), aber diß hat A. Weber mit vil mer anspruch auf warscheinlichkeit von sk. *ag'* agere her geleitet, so daß *agnis* das bewegliche bezeichnete. Gegen Bopp sprechen auch die anderen sprachen, besonders lit. *vgnìs*, neben welchem sich die wurzel *dah* in *dègti* brennen zeigt. Auch in unserem falle spricht das litauische gegen die zusammenstellung von *açru*, *açram* und *daṁç*, indem das bis auf das genus und den zu *a* vocalisierten stimton des *r* dem sk. *aç-ra-m* entsprechende *asz-arà* keine spur eines ursprünglich an lautenden *d* zeigt. Begriflich läßt sich wol kaum etwas gegen unsere deutung vor bringen, denn die bezeichnung der trähne als 'scharfe' hat mindestens eben so vil für sich wie die als 'beißende'. Der abfall eines an lautenden *d* sowol im sanskrit als im litanischen müste erst durch genügende, sichere beispile erwisen sein, ehe man eine solche zusammenstellung machen darf.

Anmerkung. Verschidene worte, welche man bisher zur wurzel *kar (çṙ)* gezogen hat, können villeicht mit dem selben rechte unserer wurzel zu gesprochen werden, wenn man das *r* oder *l* zum suffixe rechnet. Ob das *r* zur wurzel oder zum suffixe gehört, läßt sich wol schwer entscheiden; selbst die bedeutungen der wurzeln *ak*, *ka* und *kar* streifen in vilen fällen so nahe an einander, daß auch sie kaum als kriterium dienen können für die ermittelung, welcher von beiden wurzeln die betreffenden worte entsprungen seien.

Ich stelle hier die worte zusammen, welche disem zweifel raum geben.

sk. *ça-ra-s* an arrow, *çû-la-* m. n. a pike, a dart, *ça-l--ja-m* sagitta = $x\bar{\eta}$-λo-ν geschoß, $\varkappa\alpha$-$\lambda\alpha$-$(\digamma\rho o\psi)$ = lat. *cu-l--(ec-s)* mücke.

Pott (I, 129) vergleicht lat. *clāva* keule mit sk. *çûlas*; eine unsichere zusammenstellung. Die übliche anname, daß $x\tilde{\eta}\lambda o\nu$ von $\varkappa\alpha i\omega$ komme, weist Curtius (I, 118) mit recht zurück. Die $x\tilde{\eta}\lambda\alpha$ $\vartheta\epsilon o\tilde{\imath}o$ Il. α, 53 können nicht wol brenhölzer sein. Er vergleicht vilmer sk. *çaljam* sagitta, als dessen wurzel er *kal* (lat. *cellere*, lit. *kálti*) an nimt.

$\varkappa\alpha\lambda\alpha\tilde{\upsilon}\rho o\psi$, d. i. $\varkappa\alpha$-$\lambda\alpha$-$\digamma\rho o\psi$. Der lezte teil gehört zu wz. $\dot\rho\epsilon\pi$, $\dot\rho\epsilon\pi\omega$; daß aber der erste teil mit $\varkappa\alpha\lambda o\varsigma$ strick zusammen hänge, wie Curtius (I, 316) meint, ist mir nicht glaublich. Die dadurch entstehende bedeutung 'strikstab' ist mir unverständlich. Ich sehe darin vilmer einen verwanten von $x\tilde{\eta}\lambda o\nu$. Unsere wurzel hat uns schon merfach die bedeutungen der schärfe und des treffens, erreichens gezeigt. Man kann daher $\varkappa\alpha$-$\lambda\alpha$ als das scharfe, die waffe, dann specialisiert als den stock faßen. Andrerseits bietet sich auch die möglichkeit dar, es als das erreichende zu nemen, womit die verwendung des $\varkappa\alpha\lambda\alpha\tilde{\upsilon}\rho o\psi$, welcher unter die herde geworfen wird, in bestem einklange steht.

Im lateinischen war ein hierher göriges **cu-la* 'stachel' vorhanden, von welchem sich nur das ab geleitete *cu-l-ec-s* stachelbegabt, d. h. mücke, erhalten hat. Wie *caud-ex* auf *cauda*, so weist *cul-ex* auf **cula*. Aenliche bildungen sind *sen-ex*, *pul-ex*, *pod ex*; über das suff. vgl. Corssen kr. beitr. 446 f.

sk. *çi-çi-ra-s* cold, frigid ist schon von Benfey (I, 165) unserer wurzel zu geteilt. Der begriff der kälte ergibt sich auß dem der schärfe; sagen wir ja auch: scharfe, schneidende kälte. Lottner (ztsch. XI, 163) hält es für verwant mit lit. *száltas*.

Ferner mit suffix-*ri*:

sk. *çi-ri-s* 1) a sword 2) an arrow 3) a killer, a murderer =sabinisch *cu-ri-s* wurfspieß, *ca-rĭ-* in *ca-rî-na*. Schweizer (ztsch. IV, 70) und Benfey (II, 175) stellen *cŭris* und *çiris* zu *çr̥ (kar)* laedere; möglich ist diß. Schweizer läßt *curis* auß *quiris* durch vocalisation des *v* entstehen, und in der tat ist diß ansprechend. So gehörten denn auch die *Quirites* als hastati hierher. Anders Curtius (I, 128). Pott (I, 263) leitet *curis* von *ks'ur* oder *krt;* mit beiden hat es nichts zu tun.

ca-rî-na ist mit dem häufigen suff. *-na* auß älterem *ca-ri-* entsprungen, welches den eben behandelten worten genau entspricht. Der begriff der schärfe past auch vortreflich zu der gestalt des kils. Die Pottsche ansicht, daß *carina*, mit *κάρυον* verwant, ursprünglich nußschale bedeutet habe, wird wol nicht vile anhänger finden.

Mit suffix *-ru, -lu* sind zu nennen:
çâ-lu-s an astringent substance.
ça-ru-s the thunderbolt of Indra, an arrow, any weapon = got. *haí-ru-s* schwert. Lezteres vergleicht Grimm (III, 440) mit lit. *kárdas*, lat. *cardo;* vgl. noch Gr. I, 45: 54; II, 460; III, 431: 440. Er erklärt auch den namen der *Eresburg* oder *Heresburg* und den der *Cherusker* für verwant mit *haírus* (myth. 184 f.). Über *haírus* vergl. noch Benfey (II, 175), L. Meyer (ztsch. VI, 426), Diefenb. (II, 504 ff.), welche es von *çr̥* her leiten.

Lat. *âla, axilla* = ahd. *ahsala* achsel.
Âla steht für *ax-la, wie *têla* für *texla, *sêni* für *sex-ni, *têmo* für *texmo, *sêmestris* für *sexmestris. Daß *x*, nicht *c* allein, vor dem *l* auß gefallen sei, was lautlich auch möglich ist, beweist *axilla* und ahd. *ahsala*. Curtius (I, 102) und Schwabe (dem. 97) glauben es auß *ac-la entstanden. *Axilla* ist das deminutivum von *axla, es ist auß *ax-l-ula* entstanden wie *sigillum, tigillum, pugillus* auß *sign-ulum, *tign-ulum, *pugn-ulus. Völlig verkert leitet Benfey (I, 352) *axilla* von sk. *vaks'*. *Âla* bedeutet die achsel, dann den flügel. Dise bedeutung vermittelt sich mit der grundbedeutung unserer wurzel durch sk. *aks'as*, lat. *axis* u. s. w. Wie sich das rad um die achse dreht, so der arm um die schulter, dise galt daher als *achse* des arms und wurde dem gemäß als *achsel* bezeichnet.

Hiermit sind die überein stimmenden bildungen der verschidenen sprachen erschepft, und die noch übrigen worte können nur einzeln für sich betrachtet werden.

1. Griechisch: ἴκ-ρ-ια die empor stehenden rippen des schiffes, verdeck, später überhaupt jedes gerüst. Benfey (I, 350) stelt es zu sk. *viç* intrare, obwol sich keine spur eines früher an lautenden ᴊ zeigt. Curtius (II, 49) verbindet es mit *icere*, ἵπτομαι u. a. Es ist eine weiterbildung von *ἴκ-ρο-*, grundform *ak-ra-*. Als grundbedeutung ergibt sich offenbar das her vorragende, die spitze.

2. Lateinisch: *âlea*, d. i. *ac-le-a*, grundform *ak-ra-jâ*. Es bezeichnet den würfel als den eckigen, scharfkantigen. Schon Pott (I, 276; II, 279) vergleicht es mit *acûleus*, welche beide er aber zu *ag (agilis)* oder zu sk. *as* (abjicere) zieht.

tri-quet-ro- dreieckig, von Varro (l. l. VII, 46) tradiert, (s. o I. abschn.), *triquetra* = τριναχρία.

3. Litauisch *ák-la-s* blind. Der bedeutung nach gehört es mit *apjenkù* erblinden zusammen, welche beide zimlich schwer mit der grundbedeutung unserer wurzel zu vermitteln sind. Ich glaube, man muß an knüpfen an sk. altb. *ak-u-* dolor und *áklas* für einen schmerzbehafteten, kranken nemen, worauß sich dann die specielle bedeutung des augenkranken, blinden entwickelte.

9. Suffix *-ra, -la*
mit vorher gehendem vocale.

Auch hier werden die einzelnen sprachen am besten für sich behandelt.

1. Griechisch: αἴκλοι, d. i. *ἀκ-ιλοι*, αἱ γωνίαι τοῦ βέλους Hes.; vgl. Legerlotz, ztsch. VIII, 397; Curtius, g. e. II, 247. Das ι hat sich das vorher gehende α zu αι assimiliert und ist dann selbst geschwunden. Es ist diß das selbe princip, welches sich im deutschen umlaute und in der altbaktrischen epenthese geltend macht; s. Schleicher, comp. s. 58. Wenn Curtius a. a. o. *ἄκιλοι* mit lat. *acûleus* vergleicht, so ist diß von seiten der bedeutung gerechtfertigt, die formen differieren aber stark (s. o. *acus, acûleus*). Von dem vorauß gesezten *ἄκιλο-* mag ein deminutivum ἀκιλίς, ἀκλίς gebildet sein, welches

in dem von Virgil gebrauchten *aclis*, gen. *aclidis*, als lateinisches lenwort vor ligt.

ὄφϑ-αλο-ς, erschloßen auß ὀφϑαλμός. Lezteres weist nämlich deutlich auf ein verbum *ὀφϑάλλω, d. i. ὀφϑ-αλ-jω, zurück; Curtius II, 51. Wie nun ἀγγέλλω von ἄγγελος komt, so sezt *ὀφϑάλλω ein *ὄφϑαλος vorauß. Diß *ὄφϑ-αλο-ς stimt — ab gesehen davon, daß die wurzel durch ϑ vermert ist (vgl. Curtius I, 54), welches sich das vorher gehende π assimilierte — in seiner bildung genau zu lat. *oc-ulu-s*. Andere erklärungen von ὀφϑαλμός sind in großer zal vorhanden. Pott (I, 269) hält für möglich, daß es auß ὄψ und ϑάλλω zusammen gesezt sei, also etwa faciei flos bedeute. Schweizer (ztschr. I, 473) bringt den zweiten teil mit ϑύλος, ϑάλαμος zusammen, faßt ὀφϑαλμός also als 'sehhöle'. Es ligt aber schwerlich in disem worte eine zusammensetzung vor. Benfey (ztsch. VII, 112) erklärt es auß skr. *aks'an-mant-*, welches sich zu *aks'an-ma-* und, mit übergang des *n* in *l*, zu ὀφϑαλμο- gestaltet habe. Aber zu gegeben, daß ein *aks'anma-s* bestanden habe, so ligen zwischen im und ὀφϑαλμός noch zwei unerhörte lautwechsel: die oft behauptete, aber von Schleicher (comp. 185) und Curtius (II, 37) mit vollem recht verworfene vertretung von *n* durch *λ* und die noch nicht hinlänglich erwisene gleichheit von φϑ und sk. *ks'*.

ὀπτ-ίλος, ὀπτ-ίλλο-ς auge (Benfey I, 228) und, mit verlust des an lautenden ο, πτίλος, πτίλλος, welche schon Pott (II, 602) = ὀπτίλος sezt, sind wol für dialektische nebenformen von ὀφϑαλμός zu halten. Schwabe (84) siht ὀπτίλος als deminutivum an, doch zeigt die bedeutung durchauß nichts hypokoristisches.

ἄχ-υρο-ν spreu leiten Benfey (I, 153) und Legerlotz (ztsch. VIII, 397) von unserer wurzel, und ich glaube inen bei stimstimmen zu müßen wegen der sicher hierher gehörigen got. *ahana* spreu, *ahs* ähre, lat. *agna* ähre. Die aspirata ist, wie in anderen griechischen worten, auß der tenuis hervor gegangen (beispile für dise lautaffection s. bei Curtius II, 88 ff.). Eine andere erklärung gibt Lottner (ztsch. VII. 179).

2. **Lateinisch**: *oc-ulu-s* (Pott I, 269; Bopp II, 59; Curtius I, 82; II, 51). Ein stamwort *ocus mit Bopp an zu setzen, *oculus* also deminutiv zu nemen, verbietet die bedeutung. Vollends aber diß *ocus auß *aks'a* durch verlust des *s* her leiten, heißt die sache auf den kopf stellen. Warum soll denn das einfache auß dem zusammen gesezten verstümmelt sein? Wenn endlich Ebel (ztsch. IV, 339) sogar das *l* als vertreter von *nt* an siht, in *oculus* also das sk. *aks'an*, grundform *aks'ant* mit haut und har zu finden wänt, so schwindet einem der boden unter den füßen. *oculus* ist einfach auß der wurzel *ac*, *oc* mit dem häufigen primärsuffix -*ulo*- gebildet, wie *cing--ulu-s* und *cing-ulu-m*. *jac-ulu-m*, *pat-ulu-s*, *aem-ulu-s*, *jug-ulu-s* schlüßelbein (meist neutr.), *ang-ulu-s* (alt) ring, d. h. instrument zum zusammendrücken *(angere, ungor)*. Wie *cingulus*, *jaculum*, *jugulus*, *angulus* das werkzeug zum gürten, werfen, verbinden, drücken bezeichnen, so ist *oculus* das organ zum sehen. Es ist also kein deminutivum.

Wie *caecus* von *ocus, eben so und auf den selben wegen versucht man *cocles* von *oculus* her zu leiten: vgl. Pott I, 166; Bopp II, 60; Benfey, ztsch. II, 222; Corssen, ztsch. III, 274. Gegen dise erklärungen erheben sich die selben bedenken, welche wir schon bei *caecus* geäußert haben. Am meisten von allen sagt mir noch die Waltersche erklärung (ztsch. X, 201) zu. W. hält *coclit*- für contrahiert auß *co-oclit*-, wie *côps* auß *co-ops*, das heißt 'cum oculo', im empfundenen singular verstanden, mit einem auge. Die an gefürte stelle auß Varro l. l. VII, 71 unterstüzt dise etymologie.

10. Suffix -*ri*.

sk. *aç-ri-s* f. ecke, kante, schneide = ὄκ-ρι-ς, ἄκ-ρι-ς spitze, berggipfel = lat. *ac-ri*- (nom. *acer*), *oc-ri-s* steiniger berg, umbr. *ukar*, *ocar*, stamm *oc-ri*-.

Mit ὄκρις zusammen gesezt ist ὀκρί-βας, stamm -βαντ-, erhöhtes gerüst; der zweite teil enthält wol die wurzel βα (*ga*) gehen; vgl. Benfey I, 158. Hierzu steht in genauer analogie

B. Nominalstämme. Suff. -ri.

ἀκρῖ-βής, dessen zweiter teil wol kaum von wz. βα zu trennen ist, wie Benfey a. a. o. richtig erkant hat. Der erste teil ist jedoch ein alter locativ von ἄκρις, nicht, wie Benfey meint, von ἄκρος, so daß ἀκρῖ für *ἀκροι stünde. Im sanskrit sind solche composita, deren erstes glid ein locativ ist, gar nicht ungewönlich (vgl. Benfey, volst. sk.-gr. s. 246, II), z. b. *grâmê-vâsa*-dorfbewoner, leben im dorfe, *Judhi-s'ťhira*- nom. pr., *Mâtari-*-*çvan*- nom. pr., *urasi-lôman*- auf der brust behart u. a. Disen analog heißt ἀκρῖ-βής 'auf der spitze gehend', d. h. genau, sorgfältig, gewißenhaft. Mit L. Meyer (gr. I, 41; 143) und Walter (ztsch. XII, 413) ἁ-κρῑβ-ής zu teilen und diß mit lat. *scrîp-ulum*, *scrûp-ulus*, deutsch *scharf* zusammen zu stellen, verbietet lat. *p*.

Als einen verdunkelten casus von ἄκρις, welcher, später nicht mer in seiner zusammengehörigkeit mit disem empfunden, auch lautlich seinem stamworte entfremdet ward, faße ich ἄχρι. Sein *κ* ist durch das folgende ρ zu χ geworden. Ein änliches verhältnis wie zwischen ἄκρις und ἄχρι in betreff des unursprünglichen aspiration besteht zwischen ἀν-δ-ρ-ός und ἄν-ϑ-ρ--ωπος. Auch die bedeutung von ἄκρις, ἄχρι stimt ser gut zu diser etymologie. Ursprünglich hat es etwa bedeutet 'an der spitze, zur spitze', und so findet es sich z. b. noch Il. ρ, 599 an gewant: Peneleos wird getroffen ἄκρον ἐπιλίγδην· γράψεν δέ οἱ ὀστέον ἄχρις αἰχμή. An diser stelle steht ἄχρις in dem selben sinne wie ἄκρον, beide bedeuten 'an der spitze', hier speciell 'oben hin'. Es entwickelte sich dann in ἄχρι der begriff des zieles, des endes, welchen auch ἄκρος an genommen hat, z. b. bei Plato Phaedon 109, D ἐπὶ τὰ ἄκρα τῆς θαλάττης ἀφιγμένος an das ende des meeres gekommen; Soph. Aj. 285 ἄκρα νύξ das vordere ende der nacht, d. h. anfang der nacht, u. a. Curtius (I, 159) stelt ἄχρι zu ἄγχω.

Von lat. *acer*, stamm *acri*- komt *acer-bu-s*. -*bus* ist auß -*bu-o-s* (wurzel *fu*, urspr. *bhu*) durch die mittelstufen -*buus -*bûs entstanden; vgl. Corssen kr. beitr. 104. Die wurzel *fu* als suffix zeigt sich noch in *mor-bu-s*, *tri-bu-s* (Corssen a. a. o. 203).

58 II. Stamformen.

Möglich ist auch, daß *acervus* von *acer* auß geht, es scheint änlich gebildet wie *caterva, Minerva.* In der bedeutung könte es sich an ἄκρον, ἀκρωτήριον an lenen und der spitze, hervorragende sein. Von *ocris* ist die umbrische stat *Ocriculum* benant (Corssen kr. beitr. 27). Auch *Ocresia* name der mutter des Servius Tullius ist deutlich mit dem suff. *es-ia* für *ent-ia* von *oc-ri-* ab geleitet, a. a. o. 475. Weiter gebildet erscheint *ocri-* in *oc-re-a* beinschine und dem ortsnamen *Interocrea*.

11. Suffix -*ru*.

sk. altb. *aç-ru* trähne, s. o. *aç-ra-m*.

12. Suffix -*as*.

Ueber das suff. -*as* und seine mannigfachen erscheinungsformen im indogermanischen verweise ich auf Bopp III, § 931 — 935; Schleicher, comp. s. 374—378. Die hierher gehörigen bildungen erstrecken sich mit wenigen außnamen nicht über die grenzen einer sprache hinauß. Wir werden daher am zwekmäßigsten die worte jeder sprache für sich betrachten.

1. Sanskrit: *âç-is-* f. (nom. *âçis*) schlangenzan; die nebenform *âçî* ist wol auß *âçis* entstanden und weist nicht auf ein suff. -*î*. Die grundbedeutung ligt klar zu tage z. b. in *âçî--viṣ'as* schlange, d. h. die im scharfen (= zane) gift habende.

k'akṣ'-as- 1) m. lerer 2) n. a) schein b) das sehen, gesehen werden c) gesicht, blick, auge (B.-R.). Oben beim verbum *k'akṣ'* hatten wir schon die beiden bedeutungen des sehens und des verkündigens, welche wir durch den begriff des bemerkens mit einander vermittelten. Beide zeigen sich auch wider in *k'akṣ'as* vertreten. das verkündigen im lerer, das sehen im auge u. s. w.

Mit im fast identisch ist *k'akṣ'-us-* 1) adj. sehend 2) n. a) helle, liecht b) das sehen c) sehkraft, gesicht; blick, auge. Die ansicht von Sonne (ztsch. XII, 294), -*us* sei auß *u-as* entstanden, scheitert daran, daß -*as* nicht als secundärsuffix vor

komt. Vilmer ist, wie Bopp an nimt, -us eine schwächung
von -as.

2. Griechisch: Das einstige vorhandensein eines substantivs *τὸ ἧκος schärfe geht auß ιανα-ηκής ἀμφ-ηκής u. a.
hervor. ἧκος selbst als simplex ist meines wißens nicht belegt;
vgl. Benfey I, 157.

ἄκ-ος heilmittel, davon ἀκέομαι, d. i. *ἀκεσjομαι, wie die
nebenform ἀκείομαι deutlich zeigt. Die älteste rationelle medicin erstrekte sich gewiss nur auf die behandlung äußerer
wunden, und ir hauptgeschäft war das nähen der selben. Diß
erhelt unter anderem auß ἄκος; namentlich in den weiteren
ableitungen von ἀκέομαι tritt der begriff des nähens und flickens
noch klar zu tage: ἀκέστρα nadel zum flicken, ἀκεστής kleiderflicker, ἀκέστρια heilerin, näherin. Der begriff des heilens vermittelt sich also mit der grundbedeutung unserer wurzel durch
den begriff der scharfen nadel, welcher villeicht einmal in ἄκος
lag (vgl. lat. acus nadel). Wie nun die nadel vor alters ein
hauptmittel des heilens gewesen sein mag, so ward ἄκος dann
zur bezeichnung des heilmittels im algemeinen.

ὄξ-ος weineßig. Wie acêtum in die deutschen sprachen,
so ist ὄξος als lenwort in die slawischen und, durch deren vermittelung, ins litauische gedrungen: russ. uksusŭ, lit. uksùsas.

ἔγχ-ος ist schon von Benfey (I, 163) und Curtius (II, 86)
unserer wurzel zu erkant; s. o. s. 18.

3. Lateinisch: ăc-or säure entspricht, ab gesehen von
den verschidenen steigerungsstufen des wurzelvocals, dem gr.
ἦκ-ος.

ăc-us, stamm ac-er, *ac-es, hülse, spreu ist schon von Pott
(I, 143), Ebel (ztsch. V, 355), Lottner (ztsch. VII, 179) als
schößling unserer wurzel erkant und dem got. ahs ähre gleich
gesezt. Es bezeichnet, wie dises, die scharfe, spitze granne,
dann überhaupt das dem auß gedroschenen korne noch bei gemischte, die spreu.

4. Altbulgarisch: *ok-es-, nom. oko, oculus ὀφθαλμός; Schleicher, ksl. 39: 97. Das wort ist, wie alle slawischen
auf urspr. -as, zum teil in die a-declination über getreten; die

gleichheit des nom. sg. beider declinationen trägt wol die schuld davon. (*o* ist sowol = urspr. *am*, als = urspr. *as*). Daher lautet der genitiv *očese* und *oka*. Aber auch die ursprünglich consonantischen formen zeigen den stamm durch *i* vermert; s. Schleicher, ksl. 213 ff. Wenn nun der nom. du. von *oko oči* lautet, so ist diß wol, wie Ebel (ztsch. IV, 330) meint, ganz analog dem griechischen ὄσσε, d. i. *ὄκjε; vgl. auch das litauische *akì-s* (zu *uśí* neben *uśes*- vgl. lit. *ausì-s*). Es gieng also kein *očesi vorauß. Ein deminutiv des als *a*stam behandelten *oko* ligt vor in *očicc* malogranatum, wol wegen der dem augapfel änlichen gestalt so benant. Eine fernere ableitung von *oko* ist *očiko* neuma, d. h. das zum auge gehörige, der wink als in die augen fallendes zeichen. *očitŭ* manifestus ist das participium perf. pass. eines denominativen verbums *očiti*.

5. Gotisch *ah-s*, stam *ah-sa-*, ähre; Gr. III, 413; Diefenb. I, s. 8. Mit skr. *uch* (soll wol *uñk'h* West. p. 105 sein) spicas colligere, welchem es Gf. I, 134 vergleicht, hat es natürlich nichts gemein. Zu unserer wurzel stelt es Benfey (I, 163). Ebel (ztsch. V, 355) siht in dem *s* das sonst im gotischen als -*is* auf tretende suff. urspr. -*as* und sezt *ah-s* = *ac-us*, deren bedeutungen beide von der scharfen hachel auß gehend sich nach verschidenen seiten hin entwickelt haben (vgl. got. *ahana*, lat. *ayna*). Daß in *ahs* das *s* wirklich rest des suffixes -*as*, got. -*is* ist, beweist das gleichbedeutende ahd. *ah-ir*. Kuhn (ztsch. VI, 157) stelt lat. *arista* mit ahd. *ahar* zusammen, indem er es auß *acrista entstanden vermutet. Ich muß jedoch dise vergleichung von der hand weisen, da im lateinischen der schwund von *c* vor *r* keineswegs constatiert ist.

aq-iz-i f., d. i. *aqu-is-ja*, axt. Gr. III, 442, Diefenb. I, s. 5, Pott I, 231, L. Meyer, ztsch. VI, 427, or. u. occ. II, 85 stellen es alle zu unserer wurzel. Benfey (I, 162) sezt *aqiz*- dem gr. ἀξ- in ἀξ-ίνη gleich, indem er *i* als hilfsvocal an siht. Doch weshalb solte hier ein hilfsvocal ein getreten sein? Auß griech. ξ hätte regelrecht got. *hs* werden müßen, eine im deutschen durchauß nicht unbeliebte consonantenverbindung. Ich neme

-*izi* als suffix; ahd. *achus* (Gf. I, 136) weist nämlich auf urdeutsches *akus*, grundform *ak-as*, welches auch der gotischen form zu grunde ligt. Das *iz* (= *is*, *z* in lautend als vertreter von *s*) in *aɋ iz-i* ist die im gotischen gewönliche erscheinungsform des suffixes urspr. -*as*, welches hier durch -*i*, d. i. -*ja*, vermert ist. Die lautverschiebung ist unterblieben, und *ɋ* steht für das zu erwartende *h* oder *hv*. Das zu grunde ligende **aɋis* ist also in form und bedeutung dem gr. ἦχος fast adaequat.

13. Suffix -*ma*.

ἀκ-μή, αἰχ-μή = lit. *ész-ma-s*, *jësz-ma-s* bratspieß.

ἀκ-μή spitze, schneide, dann übertragen blüte, kraft; Curtius I, 102.

Über αἰχ-μή vgl. oben s. 6. Curtius (II, 247) erklärt es als **ἀκ-ιμη*, das *ι* sei in die vorher gehende silbe über geschlagen wie in αἴκλοι. Das *κ* ward durch den einfluß des folgenden *μ* aspiriert. Pott (II, 60) leitet es nebst ἀΐσσω von sk. *viç* intrare, es zeigt sich jedoch keine spur eines einstmaligen ⱴ, welche zu diser zusammenstellung berechtigte.

Lit. *észmas* oder häufiger *jësmas*, als grundform des ersteren ergibt sich deutlich *akma-s*, das andere ist entstanden durch den im litauischen nicht ungewönlichen umschlag der *a*-reihe in die *i*-reihe und dann erfolgten vorschlag von *j* im anlaute (wie in *jëszkóti*, slaw. *iskati*, ahd. *eiscôn*). Schleicher (comp. § 194, s. 267) sezt *jësmas* direct = αἰχμή, indem er den überschlag in die *i*-reihe schon vor die sprachtrennung hinauf rükt.

Nach maßgabe des suffixes findet hier seinen platz got. *aúhu--man-*, nom. *aúhuma*, ὑπερέχων. Grimm (III, 628) sezt *aúhuma*, *aúhumists* = ags. *ufemest*, welches zu den partikeln *ufan*, *ufor*, ahd. *opan*, *opar* gehört; allein dise haben iren gotischen verwanten in *ufar* und ir labial ist ursprünglich; vgl. sk. *upa*, *upari*. Für den wechsel von guttural und labial zwischen got. und ahd. beruft sich Grimm auf das unten zu erörternde beispiel *aúhns* = ahd. *ovan*, *ofan*. In disem ist jedoch der guttural ursprünglich (s. u.) und kann daher zum labial werden. Echter labial kann aber nun und nimmermer guttural werden. Dise erklärung ist also lautlich unmöglich. Eine andere bieten Pott (I, 88) und L. Meyer (or. u. occ. II, 282), welche *aúhuma* mit ὔψι und sk. *ak'k'a* zusammen stellen. Aber *ak'k'a* steht für *ud-ak'a-* (praep. *ud* + *aṅk'* gehen)'; vgl. B.-R. s. v., Schweizer, ztsch. III, 395. Es fält also auch dise etymologie. — Der nach abtrennung des superlativsuffixes *-uman* übrig bleibende stam *aúh* ist durch brechung auß *uh* entstanden, welches widerum eine schwächung von *ah*, urspr. *ak*, sein kann. Lautlich steht also der verbindung von *aúhuma* mit unserer wurzel nichts im wege, und von seiten der bedeutung spricht viles für sie; vgl. ἄκρα, ἄκρις, ὄκρις, ἀκμή, in welchen uns die bedeutung 'spitze, gipfel' begegnete. *aúhuma* wäre also der am meisten an der spitze befindliche, daher ὑπερέχων. Später fülte man, wie öfter in änlichen fällen, in *aúhuma* den superlativ nicht mer und bildete darauß mit dem üblicheren suff. *-ist-s* abermals einen superlativ *aúhumists* der höchste, ἄκρος.

14. Suffix *-man*.

sk. *aç-man-*, nom. *açmā́*, schleuderstein = altb. *aç-man-*, nom. *açmā́*, coelum = ἄκ-μων, κᾰ̆-μῖνο-ς = slaw. *ka-men-*, nom. *kamy* und *kameni̇̆*, stein = lit. *ak-men-*, nom. *ak-mù*, stein = got. *hi-min*, stamm *himina-*, himmel. Sk. *açman* 1) schleuderstein 2) harter stein überhaupt, felsstück 3) die himlische schleuderwaffe, donnerkeil 4) villeicht himmel (wie im zend) B.-R. Es ist nicht etwa ursprünglich der scharfe, eckige stein, wie Pictet (orig. indo europ. I, 129) meint, sondern die erreichende, treffende waffe (*aç* erreichen), der schleuderstein, der donnerkeil des gottes. Daß diß die grundbedeutung ist, ergibt sich zur genüge auß der anwendung, welche das wort noch in den Veden hat, z. b. R. I, 121, 9: *tvam ájasam prativartajô gôr divô açmânam*, du schleudertest auß dem riemen des himmels chernes geschoß; vgl. Kuhn, herabk. 58. Ferner folgt diß auß den vorstellungen, welche die anderen Indogermanen mit dem blitze verbinden. Er gilt inen als lanze oder als hammer. Der blitz erscheint mythisch verkörpert in der hasta ferrata aut sanguinea praeusta (Liv. 1, 32), welche der fetialis mit der kriegserklärung in das feindliche land schleuderte (Preller, röm. myth. 218 ff.). Auf nordischem boden gilt der selbe brauch; eine lanze wird über die feinde geschleudert mit den worten: 'Odhin ist euch gram' oder 'Odhin hat euch alle', wodurch jene dem tode geweiht werden; vgl. Grimm, myth. 134. Noch deutlicher hat der blitz seine feurige natur bei den Griechen gewart in der fackel, welche der πυρφόρος zwischen die schlachtreihen wirft; vgl. Preller, röm. myth. 223. Ins komische gezogen erscheint die götliche waffe als 'knüppel auß dem sack' unseres märchens u. a. m.; s. Kuhn, herabk. 227 ff. Auch als hammer wird der blitz gedacht (s. Kuhn 237 und die unten an gefürte stelle auß Grimm über die namen des donners). Wie nun die ältesten waffen auß stein gemacht wurden, so war es natürlich, daß man auch dem gotte ursprünglich ein steinernes geschoß bei legte. Ein niderschlag diser vorstellung ist der *Juppiter lapis* der fetialen, welcher sich deutlich als donnerkeil ergibt; vgl. Preller, röm. myth. 220 ff. Der schleuderstein ward dann zum stein überhaupt*). Wie aber der donnerkeil auch als hammer des gottes an gesehen ward, so verwante man *açman-* zur bezeichnung der steine, welche beim schmiden gebraucht werden, d. h. hammer und amboß, welche in ältester zeit beide steinern waren, z. b. Rigv. IX, 7, 9, 2; vgl. Roth, ztsch. II, 44 ff.

Das altb. *açman-* m. oder *açma-* m., pers. *asmân* bedeutet 1) stein 2) himmel. Der himmel ist als steinernes gewölbe gedacht (vgl. unten καμάρα, *camera*), man glaubte in auß sapphirsteinen gebaut. Passend vergleicht Justi s. v. die finnische vorstellung, wonach Ilmarinen den himmel schmidet, Kalewala Rune 10, v. 279. Pictet (orig. indo-europ. I, 130) sagt: j'aimerais mieux revenir ici au sens primitif de la racine

---

*) Einen analogen übergang auß der bedeutung 'schleuderwaffe' in die des steins, felsens zeigt πέτρος, πέτρα, wz. πετ, lat. *pet*, sk. *pat* volare.

sansc.-zend *aç* pénétrer, s'étendre, remplir l'espace. Doch diß ist gar nicht der sens primitif, wie unsere ganze bisherige untersuchung wol gezeigt hat.

Dise beiden bedeutungen stein und himmel finden sich auch im gr. ἄκμων. Der begriff des himmels ligt klar zu tage in Ἄκμων, dem vater des Uranos, Eustath., comm. 1154, 23. Die geläufige bedeutung amboß, d. h. stein zum schmiden, fanden wir schon im sk. *açman-*; vgl. Roth, ztsch. II, 44 ff., Curtius I, 102.

Slawisch *kamy* bedeutet nur stein; vgl. Schleicher, ksl. 37; 97. Eben so lit. *akmü'*, in welchem aber der begriff der schleuderwaffe noch nicht ganz erloschen ist, er lebt fort in der benennung des donnerkeils *Perkúno akmü'*. — Got. *himin*, ahd. *himil*. Gr. II, 55 nr. 566 und Gf. IV, 938 leiten sie von *himan, ham, hêmum, humans* tegere, involvere und bringen sie mit ahd. *hemidi* hemde zusammen. Grimm verweist dabei auf slaw. *nebo*, lat. *nubes*, die aber mit *nubere* nichts zu tun haben. Lit. *dangùs* himmel von *dèngti* decken wäre allerdings geeignet, dise vom rein deutschen standpuncte ganz ansprechende etymologie begriflich zu stützen. Allein es ligt ser nahe das urspr. *ak-man, ka-man*, welches wir in allen indogermanischen sprachen außer dem lateinischen gefunden haben, auch im gotischen zu suchen, und da entspricht im laut für laut (ab gesehen von der weiterbildung mittels *a*) unser *himin*. So hat denn schon Fridr. Müller (ztsch. X, 319) *himin* = slaw. *kamy* gesezt. Wenn er aber die grundbedeutung im rauhen, scharfen sucht, so macht er unsere vorfaren zu hyperboreern. Wie sollen sie dazu kommen, den himmel, von welchem herab die sonne ire erwärmenden stralen sendet, als den rauhen, scharfen zu benennen? Vilmer dachten sie in als steingewölbe, wovon noch außer den analogen vorstellungen, welche wir bei Griechen und Parsen fanden, deutliche spuren im deutschen selbst an zu treffen sind; s. Gf. IV, 938 ff.; Diefenb. II, 551. Ahd. *gahimilôt* neben *gihimilizit* laqueatum, stratum, *gihimilzi* laquearia, mnd. *himelte* laquear, schweiz. besonders gewölbte kirchendecke, auch betthimmel, gaumen. Besonders klar tritt dise bedeutung hervor in ahd. *himilgibil* nordpol, engl. *gimal* a vault, vaulting

Halliwell I, 400 u. a. Aber auch der leuchtende donnerkeil, der blitz, hat seine spur in unserem worte hinterlaßen. Ich erkenne sie in nhd. oberdeutsch *himeliz* coruscatio fulgor (Schmeller, bair. wb. II, 197), welches Diefenb. a. a. o. mit unrecht für zusammen gesezt hält und von den obigen wörtern trent; vgl. noch nord. *gimlir* nitor, splendor: aether vel splendidissimus locus coeli; Biörn, Diefenb. a. a. o.

Es entsteht nun die frage, wie sich got. *himin* zu ahd. *himil* verhält, welche wir im vorhergehenden nicht unterschiden haben. Grimm schweigt hierüber. An einen übergang des got. *n* in ahd. *l* dürfen wir nicht denken; es ligt für den selben allerdings ein beispil vor: *sniumo*, *sliumo* (Gr. I², 175). L. Meyer (vgl. gr. II, 195) erwähnt noch mhd. *samenen* = nhd. *sammeln*, hier verdankt aber das *l* wol dem dissimilierenden einfluße des unmittelbar folgenden *n* seine entstehung, villeicht hat auch die analogie der deminutiven verba auf *-eln* gewirkt. Ferner entsteht *l* auß *n* in entlenten fremdworten, z. b. *orgel* auß *organon*. Doch darf man, auf dise fälle gestüzt, keine ferneren sonst unerhörten übergänge vorauß setzen. Ich glaube, daß an *himin* ein suffix urspr. *-ila* an getreten ist, auß *himinil aber wegen des unbeliebten dreifachen gleichklanges *himil* geworden ist, wie *henne* auß *heninna*, altb. *maidhjáirja* auß *maidhja-járja* (mitteljärig). lat. *veneficium* auß *venenificium*, *homicida* auß *hominicida*, *sanguisuga* auß *sanguinisuga*, Ἀπολλόδωρος auß Ἀπολλωνόδωρος, χειμόϑνης auß χειμονόϑνης u. a.; weitere beispile s. bei L. Meyer, gr. I, 288 ff.*).

Von sk. *açman-* mittels suff. *-ta* weiter gebildet erscheint *açman-ta-m* ofen und das deminutiv *açman-ta-ka-m* dass. (*açman*: *açmantam* = *momen*: *momentum* = *molimen*: *molimentum* = *cognomen*: *cognomentum*). Zu grunde ligt natürlich der begriff

---

*) Von got. *himin*, ahd. *himil* völlig zu trennen sind alts. *hĕbhan*, *hĕvan*, ags. *heofon*, engl. *heaven*, und. *hewen*, welche mit *hafjan* zusammen gehören, s. Diefenb. II, 551. Grimm, myth. 661 sucht die geographische grenze der benennungen *himmel* und *hewen* fest zu stellen. Als begriflichen unterschid beider nimt er an, daß *hĕvan* mer den sichtbaren, *himil* den übersinlichen himmel bezeichnet.

des steins. Die ältesten öfen sind jedenfals steinerne herde oder in stein gehauene löcher gewesen, wie sie es zum teil bis auf den heutigen tag gebliben sind. Daher nante man sie auch 'steine'. Diß berechtigt uns nun, auch κά-μῑνο-ς in den kreiß der hier betrachteten worte zu ziehen. Zwar habe ich die geschloßene phalanx aller bisherigen erklärer gegen mich, aber die sprache, hoffe ich, auf meiner seite. Bopp (III, 170), Pott (II, 594), Benfey (I, 33), Curtius (II, 170) leiten es sämtlich von καίω. d. i. καϝιω. Wäre dise etymologie richtig, so hätte man *καυμνος zu erwarten (vgl. καῦμα; θαῦμα von θεϝᾶσθαι) oder, die möglichkeit zu gegeben, daß ϝ vor μ sich nicht zu υ vocalisiert hätte, sondern auß gefallen wäre, wenigstens *κάμῑνος mit ersazdenung; vgl. κάειν. Aber nun und nimmermer läßt sich κάμῑνος auß καίειν, κάειν her leiten. Das suffix -μῑνο halten Benfey und L. Meyer (gr. 1, 136) für das participialsuffix sk. -māna, obwol lezterer selbst zu geben muß, daß diß gewönlich als -μενο erscheint. Ich halte -μῑνο, μῑνη in formen wie ὑσ-μίνη, Ὑρ-μίνη, Ὀρ-μίνη, κύμῑνο-ν, κυκλά-μῑνο-ν für eine weiterbildung von -μῑν in ὑσ-μῑν, ῥηγ-μίν, welches nach Schleicher (comp. s. 331) dem sk. -man entspricht. Etwas anders Curtius (ztsch. VI, 87 f). κάμῑνος wäre also in der ursprache ka-man-a-s, sk. *aç-man-a-s und entspricht genau dem altb. açmana- steinern und lautlich auch dem got. himina-. Zur stützung unserer etymologie bietet sich das böhmische kamna (neutr. plur.) ofen, (Schleicher, ksl. 97), welches in der ursprache ebenfals ka-man-a lauten würde: vgl. auch uslov. komen focus, bulg. kumin fumarium, serb. komin focus, fumarium, culina, welche sämtlich auf urspr. ka-man, ak-man zurück gehen. In allen disen hat sich die bedeutung 'ofen' auß der des steines entwickelt. Der selbe bedeutungsübergang wird sich bei got. aúhns zeigen. κάμῑνος ist als lenwort in fast alle indogermanischen sprachen eingedrungen: caminus, caminare, davon mittellat. caminata = ahd. cheminata, mhd. kemenate, poln. komnata; kslaw. kamina, lit. káminas. Ja sogar magg. kemény*).

---

*) Nachträglich sehe ich, daß schon L. Meyer (gr. II, 293) und Pictet

Wir müßen noch einmal auf sk. *açman-* zurück kommen,
um eine weitere reihe von worten daran an zu knüpfen. Mittels des secundärsuffixes *-ra* wird nämlich davon das adjectivum
açma-ra- steinern gebildet (s. Bopp III, § 940). Disem entspricht laut für laut *κα-μά-ρᾱ*, *camera*, deren bedeutung 'gewölbe' wie bei sk. altb. *açman-* auß der bedeutung des steinernen entspringt. Burnouf (journ. as. 1844, p. 499) hat auß dem
altb. *kameredha-* kopf, schedel ein dem gr. *καμάρα* lautlich und
begriflich gleiches *kamara* erschließen wollen. Hierfür bietet
sich jedoch gar kein anhaltepunct, denn für *kamara* f. ist nur
die bedeutung 'gürtel' überliefert. Justi und Brockhaus geben
im zwar, wie es scheint nur auf Burnouf gestüzt, auch die
bedeutung gewölbe, *camera*, doch füren sie keine einzige belegstelle dafür an, und sie auß *trikameredhem*, Neriosengh:
trimastakam dreiköpfig, erschließen zu wollen, ist ser kün.
Das altb. *kamara* gürtel ist allerdings ins griechische als lenwort über gegangen *καμάραι· ζῶναι στρατιωτικαί* Hes.; vgl.
Benfey II, 284. Aber diß berechtigt noch nicht, auch *καμάρα*
gewölbe mit Benfey (II, 283) auß der selben quelle zu leiten,
da die bedeutungen alzu ser divergieren. Das altb. *kamara*,
also nur in der bedeutung 'gürtel' belegbar, leitet man von
kamar, sk. *kmar* curvum, inflexum esse West. Ob dise herleitung richtig ist, wage ich nicht zu entscheiden. *kmar* komt
nur an einer einzigen stelle vor; s. B.-R. Wir müßen also
καμάρα von altb. *kamara* trotz des lautlichen gleichklanges
trennen. Wenn unsere etymologie von *καμάρα* richtig ist, so
würde es ein altb. **açmara* decken.

Ferner entspricht dem sk. *açmara-* ahd. nord. *hamar* malleus. Daß *hamar* mit sk. *açman* verwant sei, haben schon
Grimm (gesch. 400), Curtius (I, 102), Kuhn (ztsch. I, 368 ff.;
IV, 42) gesehen. Kuhn sezt *ha-mar* direct = *aç-man*, indem
er zu erweisen sucht, daß auß ursprünglichen stämmen auf
-ant sich stämme auf *-an*, *-at*, *-ar*, *-as*, entwickeln. L. Meyer

---

(orig. indo-europ. II, 260) *κάμινος* mit sk. *açman* zusammen gestelt haben.
Ich werde hierdurch nicht wenig in meiner ansicht bestärkt.

(vgl. gr. II, 271) folgt im hierin und fürt noch den namen des felsen Stubben-*kammer* auf Rügen für seine ansicht an, in dessen leztem teile er slaw. *kameni* siht (warum?), welches sein *n* auch zu *r* gewandelt haben soll. Sicherer ist der von uns ein geschlagene weg. Schon in sk. *açman* fanden wir, wenn auch vereinzelt, die bedeutung hammer. Doch hören wir den altmeister Grimm (über d. namen des donners: abh. d. Berl. akad. auß d. j. 1854, s. 321 ff.): 'Mit dem donnerkeile, der auß den wolken zündend und schmetternd nider färt, verbanden die völker die vorstellung eines hammers *(τύχος)*, einer spitzen, scharfen felsenzacke, eines spaltenden schwertes. Die ältesten hämmer wurden auß steinen bereitet, und erst später ließ Zeus seinen *κεραυνός* anß metall schmiden, aber beide bedeutungen des hammers, das klopfen, der lärm, den seine schläge verursachen, wie sein verwunden und treffen kommen dem donner zu. — Thors bilder füren einen großen hammer in der hand, und der hammer ist ein heiliges, weihendes gerät*). Unter den Christen ward der heidnische hammer zum teuflischen zeichen und hammer drükte teufel auß, wie er den teuflischen wirbelwind procella bezeichnet.'

Dem sk. *açman*- entsprechen ferner lautlich genau, doch mit etwas veränderter bedeutung lit. *asz-men*-, nom. *asz-mú'*, schärfe und got. *ah-man*-, nom. *ah-ma*. geist *πνεῦμα*, d. h. die schärfe auf das geistige übertragen; Grimm III, 389: 'denkende kraft'; vgl. oben *aha*. Möglich ist auch, daß *ahma* selbst begriflich mit *açman*- identisch ist. Kuhn hat in seiner kerabk. nach gewisen, wie die gewinnung des himlischen feuers, des blitzes, durchweg aufs innigste mit der sage vom entstehen des menschengeschlechtes verknüpft ist, und wie besonders der deutsche glaube den storch, welcher im sonst als blizträger gilt, auch als den an siht, welcher dem neugebornen den himlischen feuerfunken der sele bringt. Also die menschensele ist

---

*) Ich will hier an die herliche Thrymsquidha erinnern, in welcher Thors hammer Mjölnir deutlich als blitz oder donnerkeil erscheint, um dessen besitz Thor und Thrymr ringen.

dem mythus ein außfluß des himlischen feuers, des blitzes (açman). Es wäre daher wol denkbar, daß sie auch mit dem selben worte bezeichnet würde wie der blitz.
Gr. II, 147—149 stelt zu *ahma* richtig mhd. *achme* spiritus und nhd. *nach-ahmen*. Mit *us-an-an* auß hauchen, sterben, wie Diefenb. (I, s. 6 u. 46) will, hat unser wort nichts gemein, eben so wenig mit sk. *âtman*, dem es Bopp gl. vergleicht.

Überblicken wir dise ganze untersuchung, so ergibt sich unzweifelhaft das vorhandensein von *ak-man* in der ursprache. Wir müßen im die bedeutungen donnerkeil, stein, himmel schon in diser ältesten erreichbaren zeit zusprechen, da sie in allen drei zweigen unseres sprachstammes wurzel gefaßt haben.

Fernere bildungen mittels suff. *-man*, von den obigen aber zu trennen sind: ὄμμα, lesb. aeol. ὄππα, beide auß *ὄπ-μα**) (Curtius II, 51). Von der reduplicierten wurzel komt altb. *k'ač--man*, *k'as'-man*, *k'as-man* oculus (sk. wäre es **k'akš'-man*).

15. Suffix *-na*
unmittelbar an die wurzel tretend.

sk. *ač-na-s* stein = ἰπ-νό-ς = got. *aúh-n-s* ofen.

Bopp gl. und Gr. III, 352, myth. 359 leiten *aúhns* von skr. *agnis*, lat. *ignis* u. s. w. Dise ableitung hat Aufrecht (ztsch. V, 135) als lautliche unmöglichkeit verworfen und die identität mit sk. *açnas* stein nach gewisen. Pictet (orig. indoeurop. II, 260) verwirft dise etymologie, one auch nur einen grund dagegen an zu geben. Er stelt *aúhns* zusammen mit dem veralteten lit. *aukszinis* rauchloch im ofen (Ness.). Das unpassende diser vergleichung ligt auf der hand, *aukszinis* ist eine secundäre bildung mittels des nie primär gebrauchten suffixes *-inis*, wärend *aúhns* augenscheinlich primär ist. In betreff

---

*) Lat. *ōmen*, welches Benfey (I, 228) und L. Meyer (vgl. gr. II, 266, 269) auß *oc-men entstanden wänen und mit sk. *akš'*, gr. ὄσσομαι, got. *ahman* verbinden, gehört nicht zu unserer wurzel. Es ist auß *osmen* entstanden, wie auß Varro l. l. VI, 76 hervor geht, wo es mit *oscines* und *orare* verbunden wird.

der bedeutung von *aúhns* vgl. was wir eben bei *açmantam* und κάμινος auß einander gesezt haben.

In den übrigen deutschen sprachen, mit außname des schwedischen *ugn*, erscheint unser wort mit *f* oder *v* an stelle des *h*; altn. *ofn*, *ôn*, ags. nhd. *ofen*, ahd. *ofan*, *oran*, altfr. *oven*, engl. *oven*, dän. *ovn*. Gr. III, 628 scheint den hier vor ligenden übergang von *h* in *f* als nichts außergewönliches zu betrachten, da er auf *aúhns* = *ofan* gestüzt *aúhumist* = ags. *ufemest* sezt. Ich habe für disen lautwechsel (one daß *t* folgt; vor disem ist er keine seltenheit, vgl. Gr. I, 465; 539) folgende beispile gefunden: es stehen parweis neben einander ahd. *slûh* und *sliofan*, nhd. *schlauch*, *schliefen*; ahd. *stâcha*, *stioban*, nhd. *stauchen*, *stieben*; ahd. *slikhan*, *slifan*, nhd. *schleichen*, *schleifen*. Doch in allen disen fällen ligen die formen mit *f (b)* und *h* von anbeginn der historischen tradition neben einander und unterscheiden sich auch durch eine mer oder weniger ab weichende färbung ires begriffes. Hingegen hat ahd. *strîkhan*, *strîchan* linere keine form mit *f* neben sich, es ist also möglich, daß nhd. *streif*, *streifen* mittels des fraglichen lautwechsels auß im entsprungen sind, ebenso im holl. *strijken* sich reiben, davon *streep* streif; strich, ein **streepen*, **strijpen* oder dergl. scheint nicht zu existieren. Ferner finden sich schlesisch *müchinzen* nach fäulnis riechen (Hoffmann v. Fallersleben in Frommanns mundarten IV, 178), *muchlich*, *müchen*, *müchteln* (a. a. o. III, 472, vgl. auch III, 305), böhmisch-deutsch *meicheln* (Ignaz Petters Andeutungen zur Stoffsammlung in den deutschen Mundarten Böhmens, Prag 1864. s. 25). Disen steht gegenüber das sonst gebräuchliche *muffen*, *müffeln*, es wäre jedoch möglich, daß dise worte *much-* und *muff-* unabhängig von einander entstandene onomatopöien wären. Das zalwort *funfzehn*. *fufzehn* erscheint auch dialektisch mit *ch*: oesterr. *fuchzehn*, (s. Tschischka u. Schottky, gloss. z. d. oesterr. volksliedern, s. v. *fuchzehn*), fränk. *fuchza* (Schleicher, volkstümliches auß Sonneberg, s. 34). Aber hier kann die bei zalworten so stark waltende analogie eine anlenung an das gleich folgende *sechza* bewirkt haben; man könte auch an den einfluß des *t (z = ts)* denken. Ganz unanfechtbar scheint demnach keines der an gefürten beispile. Ganz sicher findet sich aber *f* anstatt der ursprünglicheren gutturalen spirans im englischen, so in '*dwarf*, ahd. *twerg, twerh*, nord. *dvergr*, ags. *dveorh, dveorg*. Zum teil ist das ältere *gh* in der schrift noch bei behalten, wärend es in der außsprache schon zu *f* geworden ist (vgl. Koch, hist. gramm. d. engl. spr. I, § 178 s. 133): *enough* (spr. *inof*), ags. *genôh*, ahd. *ginuoc; laugh*(spr. *laf*), ags. *hleahhe*, ahd. *hlahhu* ich lache. Vgl. auch nord. *vargr* wolf neben *ûlfr*, got. *vulfs*.

Das von Curtius (g. e. II, 282) gegen die identität von *auhns* und *ofan* erhobene bedenken ist somit wol erledigt und die gleichheit beider zweifellos dar getan.

Den eben behandelten worten geselt sich ἱπ-νό-ς bei, welches lautlich und begriflich genau zu inen stimt. Die zusammengehörigkeit von ἱπνός und *auhns* hat Bentey (II, 89) zwar geant, aber beide fälschlich von *pak'* coquere her geleitet. Curtius (II, 282) folgt für ἱπνός der selben etymologie, indem er es auß *πιπ-νος für *πεπ-νος entstehen läßt. Dann hat es natürlich mit *auhns* nichts mer zu schaffen, und Curtius trent es auch, wie billig, davon. Aber selbst zu gegeben, daß die wurzel πεπ ir an lautendes π spurlos verloren habe, so bleibt noch nach zu weisen, daß sie auch außer ἱπνός in der form ἱπ oder wenigstens πιπ, also mit dem vocale ι erscheint. Unsere wurzel ist schon oben in der gestalt ἱπ auf gezeigt (ἵππος). Lautlich steht also der zusammenstellung von ἱπνός mit *auhns* nichts im wege, wärend die Curtiussche erklärung noch manchem zweifel raum läßt.

sk. *çâ-na-s* touchstone, grindstone = κῶ-νο-ς zapfen, kegel = lat. *cŭ-nĕ-u-s* = altn. *hei-n* f. wezstein.

çânas könte den schärfenden bedeuten, doch machen die schon von Pott (I, 231) und Curtius (I, 129) verglichenen κῶνος zapfen und *cuneus* keil warscheinlich, daß der schleifstein nur von der spitzen äußeren gestalt benant ist als 'der zu gespizte' (vgl. oben slaw. *osla* = ἄκρα die spitze). Das suffix -*na* dient ja vilfältig zur bildung des part. perf. pass. Meine auffaßung scheinen Pott (I, 231) und Benfey (I, 164) zu tei-

len, da sie *κῶνος* mit sk. *ni-çânas* zu gespizt vergleichen. Die weiteren ableitungen von *κῶνος* s. bei Benfey a. a. o.
Auch *κώνειον* schirling gehört warscheinlich hierher, obwol ich bedenken trage es mit Bf. als die scharfe pflanze zu faßen, da der begriff der schärfe sonst in *κῶνος* völlig verwischt und vom sprachgefüle vergeßen ist. Auch *κώνωψ* mücke gehört hierher, welches Bf., ich weiß nicht weshalb, als 'stachelbegabt' nimt. *κωνο-ωψ* heißt natürlich 'mit kegelförmigen augen versehen', eine bezeichnung, welche den mücken recht wol an steht, da ire augen kegelförmig auß dem kopfe hervor treten.

Lateinisch *cŭ-nĕ-us*. grundform *ka-na-ja-s,* entspricht den beiden eben behandelten worten nicht genau, indem es erstens der steigerung entbert, im gegenteil sogar geschwächten wurzelvocal hat*), und zweitens außer dem suff. *-na* noch durch *-ja* weiter gebildet ist. Curtius a. a. o. stelt recht passend dem verhältnisse von *κῶνος* zu *cuneus* dasjenige von *carus* zu *cavea* zur seite. *cunei* heißen die donnerkeile des Juppiter in dem bei Terentius Scaurus de orthogr. p. 2261 entstelt überlieferten fragmente der carmina Saliaria: quolibet cunei de his cum tonarem, welches Bergk (ind. lect. Marb. hib. 1847—48 p. 13 f. emendiert in: Quóm tibeí cúnei déestumúm tonáront. Jedes falles steht die lesart *cunei* sicher. Ich erinnere dabei an *açman* und *açanis* (s. u.).

altn. *hei-n,* von Grimm (gesch. 400) mit *çânas* verglichen, zeigt den in der nordischen sprachsippe nicht ungewönlichen übertritt der *a*-reihe in die *i*-reihe.

---

*) Wenn Walter (ztsch. XII, 382) versucht im lateinischen *u* als vertreter von urspr. *â* nach zu weisen, so macht er sich unnötige mühe. Es ist gar nicht unbedingt notwendig, daß nachweislich verwante worte verschidener sprachen die selbe steigerungsstufe des wurzelvocals haben, vilmer wart sich gerade hierin eine jede sprache ire eigene freie individualität. Oder sollen wir z. b. sagen, in *ἵππος* sei *ι* grundvocal der *a*-reihe, weil die verwanten sprachen an seiner stelle *a* haben? Oder wird uns *ϝοῖχος* gegenüber lat. *vicus,* sk. *veças* als erste steigerung gelten? Aber trotz diser verschidenheit wird man getrost die worte einander gleich setzen dürfen.

ἄχ-να, ἄχ-νη = lat. *ag-na* = got. *ah-ana*, ahd. *ag-ana*, festuca, arista.

Die übliche herleitung des gr. ἄχνα von χνοῦς, χνόη, der auch Lottner (ztsch. VII, 179) folgt, befridigt keineswegs. Es ligt ser nahe, das wort mit dem lautlich identischen lat. *agna*, d. i. *ac-na, zu vergleichen. Das χ ist durch den aspirierenden einfluß des ν auß κ entstanden (vgl. τέχ-νη, sk. *taks'*, gr. τέκτων. τόξον: πάχ-νη, wz. *pag*, πήγ-νυμι, πάγ-ο-ς), wie das lat. *g* auch eine durch folgendes *n* bewirkte erweichung von *c* ist; vgl. Aufrecht, ztsch. I, 353 ff. Wir hätten also die graeco-italische grundform *ak-nâ*, und diser steht das dem got. *ah-ana* zu grunde ligende *akanâ* ser nahe. Lautlich ist also unsere etymologie völlig gesichert. Die grundbedeutung der schärfe ligt am klarsten zu tage in got. *ahana* (vgl. Diefenb. I, s. 7; Gf. I, 132; Gr. III, 413; Pott I, 143; Benfey I, 163); es ist die scharfe hachel, die spreu (vgl. lat. *ac-us*). Dem entsprechend bedeutet auch ἄχνα spreu, dann übertragen meresschaum, d. h. spreu der wellen. Das lat. *agna* (Fest. ed. Müller p. 211 s. v. pennatas) wird ursprünglich auch nur die granne bezeichnet haben, worauß es zu der allein nachweislichen bedeutung der ähre gelangt ist. Hierin stimt es mit dem ahd. *agana* überein (vgl. ahs. ἄχυρον, ἀκοστή); Aufrecht, ztsch. I, 353 ff.

Daß lat. *acnua*, grundform *ak-na-vâ*, ein längenmaß der agrimensoren zu unserer wurzel gehöre, macht mir das gr. ἄκαινα warscheinlich. welches auch in diser bedeutung fungiert.

Altbulgarisch: *ok-no* ϑυρίς, fenestra. Miklosich s. v. vergleicht neugr. ὄκνα salis fodina und lit. *ákas*. Die bedeutung erklärt sich wie die von ὀπή, lit. *ákas*. Das gleichbedeutende *okŭnĭce* ist deminutivum eines von dem als *a*-stamm behandelten *oko* ab geleiteten *okŭno.

16. Suffix -*ana*, -*ina*.

1. **Sanskrit**: *ac̨-ana-s* erreichend, hinüber reichend. *k'aks'-an'a-m* das erscheinen, erscheinung, anblick. *îks'-an'a-m* blick, anblick, auge. Zweifelhaft scheint mir, ob *ks'an'am* au-

genblick wegen *abhiks'an'am* zu widerholten malen *(= abhi--iks'an'am)* als verstümmelung von *iks'an'am* zu erklären sei, wie Pott (I, 269) und B.-R. s. v. wollen. Ferner erklärt Pott a. a. o. *ks'an'adâ* nacht als 'augen (d. i. sterne) gebende' und stelt es hierher.

2. Altbaktrisch: *aç-anô* nahe (Justi) = sk. *açanas*. *k'as'-ânô* lerer, vgl. sk. *k'aks'an'am*.

3. Griechisch: *ἀκ-όνη* wezstein. Obwol es den selben gegenstand bezeichnet wie sk. *çânas*, sind doch beide wesentlich verschiden, indem *ἀκόνη* den wezstein nicht nach der äußeren gestalt, wie *çânas*, sondern nach seiner eigenschaft des schärfens benent. Wie *περ-όνη* das durchborende, *ἀμπεχ-όνη* das umschließende, so ist *ἀκ-όνη* das schärfende (von **ἄκω* schärfen, s. o.).

Die giftpflanze *ἀκόνιτον* ist hierzu gehörig (vgl. Benfey I, 159), sie scheint nach ihrem ätzenden safte benant.

ἄκ-ανο-ς dorn, sein femininum ist mit *-jâ* weiter gebildet *ἀκ-αν-ja*, *ἄκαινα*; Bopp III, 234. Von *ἄκανος* mit suffix *-ϑος*, fem. *-ϑα*)* ab geleitet sind *ἄκανϑος* bärenklau, nach den scharf gezanten blättern benant, welche auch wol den deutschen namen der pflanze veranlaßt haben, und *ἄκανϑα* dorn. Lezteres erklärt Benfey (I, 159) als *ἀκ-ανϑα (ἄνϑος)* 'spizblüte'. Aber dergleichen zusammensetzungen einer nakten wurzel mit einem substantivum sind im griechischen wol beispillos. Es hätte auch, wenn *ἄνϑος* wirklich darin zu grunde läge, **ἀκανϑής* oder **ἀκάνϑεια* zu lauten. Außerdem ist mir völlig unbekant, daß der dorn eine besonders spitze blüte hat. Ser ansprechend ist die deutung, welche Curtius (II, 189) den ortsnamen *Ζά-*

---

*) *ἄκανϑα* ist nach Buttm. (außf. gr. I, 140 anm.) das einzige echt griechische wort auf *-ϑα*. *-ϑος* ist nicht selten. Wie *ἄκανϑος* und *ἄκανος* stehen nebeneinander: *ψάμαϑος*, *ψάμμος*; *ὅρμαϑος*, *ὅρμος*; *γέργαϑος*, *γύργος*; *Μίκυϑος*, *μίκκος*. Genau entsprechend disen worten wäre **ἀκάναϑος*, und so wird die form auch wol einstmals gelautet haben, das *α* wäre dann zur vermeidung des dreifachen gleichklanges auß gestoßen; änliche beispile s. o. bei *himil*. L. Meyer (gr. II, 90) siht in *ἄκ-ανϑα* das suffix sk. *-anta*, dessen *τ* durch einfluß des *ν* aspiriert sei.

B. Nominalstämme. Suff. -ana, -ina.

κυνθος, Ζάκανθα, Ζάκανθος gibt, als δι-άκανθος durch und durch voll ἄκανθαι oder ἄκανθοι.

ἀξ-ίνη axt, d. h. die scharfe (vgl. Benfey I, 162). Pott (II, 583) ist noch ungewis, ob er es von ξέειν ab leiten oder mit *ascia*, got. *aqizi* vergleichen soll. Auf leztere verweise ich in betreff der bedeutung.

ὀξ-ίνη egge, von den scharfen zänen benant, vgl. *occa*, ahd. *egjan*.

Ser zweifelhaft bleibt wol, ob mit Goebel (ztsch. X, 398) hierher zu stellen sei ἐξ-απ-ίνης ex praecipite, jählings, plözlich, worauß durch überschlag des ι in die vorher gehende silbe und aspiration des π wegen des dann folgenden nasals ἐξαίφνης entstanden ist.

4. **Altbulgarisch:** *os-ŭnĭ-ni-kŭ* stimulator, der begriff des schärfens ist hier auf das geistige übertragen, wie in παροξυντής aufhetzer, eigentl. ʻschärfer' (vgl. sk. *çi* excitare).

5. **Gotisch:** Das der bedeutung wegen schon im vorigen abschnitte besprochene *ah-ana* gehört lautlich hierher.

Ahd. *uohs-ana*, *oahs-ana* ascella, achsel, vgl. *ahs-ala*.

Auch das ahd. *hagan* hagen, dornstrauch gehört hierher. Die an lautende aspirata ist wol unursprünglich, wie in mereren ahd. worten, vgl. z. b. *ahsala*, *hahsala* (Gf. I, 140); *abuh*, *habih* asper (Gf. I, 89); *hev-anna* (Gf. I, 282), *hef-hanna* (IV, 958) obstetrix; *Amalung* (I, 252), *Hamalunc-stat* (IV, 945). So erscheinen auch von *hagan* im nominativus pluralis neben einander die formen *agana* und *hacana* (Gf. IV, 798). Wir können also wol *agan*, d. i. strengahd. *acan*, als ursprünglichere form an setzen, welche in die deutsche grundsprache zurück übersezt *agana gäbe. Nemen wir nun an, daß in disem *agana das *g* für *h* steht, wie es uns schon merfach inlautend als stelvertreter der zu erwartenden aspirata begegnet ist (vgl. *augo*, ahd. *egjan*, *agana*), so entspricht diß *agana für *ahana laut für laut dem gleichbedeutenden gr. ἄκανος. Solte das an lautende *h* dennoch ursprünglich sein, so läge wol reduplication der wurzel vor, wie in ἀκαχία, *hôha*, *hugs*; s. o.

17. Suffix -*ani*.

sk. *aç-ani-s* geschoß, besonders das himlische geschoß, donnerkeil, blizstral. Pott (ztsch. IX, 343) will es von *aç* edere her leiten als 'verzerer', Bopp (III, 386) richtig von *aç* durchdringen. Es ist wie *açman* der treffende donnerkeil und steht neben *açanas* erreichend, wie das hier auch zu erwähnende *k'akś'-an'i-s* erheller neben *k'akś'an'am*.

Ob *ç-ani-s* the planet Venus or its regent hierher gehört und den stralenden (schießenden, treffenden) bedeute, mag zweifelhaft sein. Möglich ist auch, daß es auß **uçanis* entstanden wäre, einer nebenform von *uçanas-* m., welches auch disen pláneten bezeichnet.

18. Suffix -*an*.

sk. *aç-an-*, nom. *açấ*, schleuderstein, stein fels = altb. *aç-an-*, nom. *açấ*, 1) stein 2) himmel 3) radspeiche: Roth, ztsch. II, 46. Die im einzelnen verschidenen bedeutungen haben den begriff des wurfgeschoßes als gemeinsamen außgangspunct.

Bei altb. *açan* erklärt sich die bedeutung 'himmel' ebenso wie bei *açman*. *açan* radspeiche, welches Justi von dem vorher gehenden trent und als eigenes wort hin stelt, ist wol mit *açan* stein als ein und das selbe zu betrachten. Die grundbedeutung ist, wie gesagt, wurfgeschoß, welche dann in bekanter weise auf die götlichen geschoße, die stralen übertragen ist. Wie die stralen von der sonne nach allen richtungen hin auß strömen, so werden die speichen von der nabe des rades gleichsam auß gestralt, und man benante beide mit dem selben worte. Deutlich erkenbar ligt die für *açan* erschloßene begrifsentwickelung vor in dem gleich zu erwähnenden *ἀκτίς* stral, speiche. Auß der combination von *açan* und *ἀκτίς* ergibt sich ganz genau der weg, welchen die bedeutung gegangen ist.

Bei Justi findet sich auch *aś'-an* m. himmel, die belegstellen weisen das wort nur im ablat. *aś'nâuṭ* und gen. *aś'nô* auf. Es ist daher warscheinlich, daß in disen das *ś'* durch einfluß des *n* auß *ç* entstanden ist, wie in *as′naoiti*, daß sie also zu *açan* gehören. Denkbar wäre freilich auch ein *ás′an* = sk. *aks′an*, der himmel wäre dann vom auge der sonne benant. sk. *aks′-an-* auge = *ὀκτ-αν-ο-ς, ἀκτ-ῖν*. Das in den casib. obl. sich mit *aks′i* ergänzende *aks′an* hält Benfey (ztsch. VII, 112) für 'organischer' als *aks′i*. Daß *aks′i* auß *aks′an* entstanden sei, ist mir höchst unwarscheinlich, beide können zwei ganz verschidene bildungen der selben wurzel sein, die sich in der declination ergänzen, indem die casus, welche dem einen felen, vom anderen geborgt werden. Und daß diß der fall sei, wird durch altb. *as′i*, gr. *ὄκι*, lit. *akìs* klar, welche sich als selbständige, echte *i*-stämme erweisen.

Im griechischen muß ein dem sk. *aks′an-* entsprechendes *ὀκτ-αν-* oder *ὀκτ-αν-ο-* vorhanden gewesen sein, wie ich auß boeot. ὄκταλλος auge schließe. Wie nämlich κρύσταλλος auß einem *n*-stamme entsprungen ist, welcher in κρυσταίνω noch zu tage tritt, so weist ὄκταλλος auf einen stamm ὀκτ-αν- oder, mit *a* weiter gebildet, ὀκτ-ανο-, d. h. es ist auß *ὀκτ-αν-λο-ς entstanden, wie κρύσταλλος auß *κρυστ-αν-λο-ς. Anders Schwabe (dem. 84), welcher ὄκταλλος als deminutivum von ὄκκος faßt und die proportion auf stelt: ὄκ(τ)-αλλο-ς : ὄκ(κ)-ο-ς = *oc-ulu-s* : *oc-u-s*. Die beiden lezten glider der selben haben wir schon oben beseitigt. Ab gesehen von der form — denn dise könte sowol für Schwabe als für uns sprechen — hat ὄκταλλος in seiner bedeutung ebenso wenig hypokoristisches wie *oculus*. Diß allein kann schon argwon gegen die gegebene erklärung erwecken, zumal da auch die parallele auß dem lateinischen weg fält.

Ob für ὀπταίνω, ὀπτάνω sehen auch ein stamwort *ὀπταν- = *aks′an-* an zu nemen sei, wie Benfey (1, 229) will, mag unentschiden bleiben. Von den *n*-stämmen auß gehend hat sich ja -αινω als selbständige endung weiter erstrekt und wird zur bildung von denominativen auch bei nicht-*n*-stämmen verwant, z. b. λευκαίνω, κοιλαίνω, χαλεπαίνω, δυσχεραίνω u. a. So kann auch ὀπταίνω, wie die gleichbedeutenden ὀπτεύω und ὀπτάζω, von ὀπτός her kommen.

Lautlich entspricht auch ἀκτίς, stamm ἀκτ-ῑ́ν, dem sk. aks'an, obwol die bedeutungen differieren. Wie nämlich das suff. -μῐ́ν, z. b. in ῥηγμίν, ὑσμῖν dem sk. -man verwant ist (Bopp III, § 798; Schleicher, comp. s. 331), so correspondiert -ῑ́ν, z. b. in δελφ-ῑ́ν-, γλωχ-ῑ́ν-, ὠδ-ῑ́ν-, mit sk. -an. Anders Benfey I, 223. Wie wir durch aks'i, ὠπή, auyô das auge als das scharfe, durchdringende benant fanden, so ligt auch für aks'an diser begriff zu grunde (vgl. sk. aks' durchdringen), welcher sich im sk. eben als 'auge' fest sezte, in griech. ἀκτίς aber zum durchdringenden sonnenstrale färbte (vgl. añçu, aktu u. a.; taran'i stral von tar durchdringen). Daß den Griechen die sonnenstralen noch als geschoße galten, zeigen die schon berürten κῆλα θεοῖο Il.; vgl. auch ahd. strâla stral, donarstrâla fulmen = sl. strěla sagitta. H. Weber (et. uncrs. 26) faßt ἀκτίς als den strebenden; dise bedeutung ist jedoch unserer wurzel fremd. ἀκτίς bedeutet stral und speiche, beide bedeutungen sind oben bei altb. ačan mit einander vermittelt.

sk. k'aks'-an- auge = altb. k'as'-an- n. das leren = *παπτ- -αν- auge, wovon παπταίνω; vgl. Benfey I, 232; L. Meyer, or. u. occ. II, 284.

Endlich ist hier zu erwähnen ἄξ-ον-, nom. ἄξ-ων, welches der bedeutung nach zu aks'as, axis gehört, s. o. Pott 1, 85; Benfey I, 67; Curtius I, 352.

19. Suffix -in.

sk. ač-in- weit reichend, dauernd.

20. Suffix -ant.

ἀκ-οντ-, nom. ἄκων, wurfspieß ist ein altes participium des verbums *ἄκω scharf sein, wovon auch ἀκαχμένος ab stamt, s. o.

21. Suffix -ka.

1. Sanskrit: iks'-aka-s zuschauer.
2. Griechisch: Für das dunkele ἄκχος ὠμός (emendiert ὦμος) Hes. (Curtius I, 102) scheint mir der einzige erklärungs-

weg die annname, daß es auß einer grundform *aks-ka-s* entstanden sei; das *s* schwand und aspirierte das folgende *k*. Benfey (I, 352) hält das wort für aeolisch und betrachtet *κχ* als vertreter von gemeingriechischem *χ*. Dann muß man es völlig von unserer wurzel trennen. Woher Benfey schließt, daß es im anlaute ϝ verloren, ist mir unklar. Begriflich gehört es zu dem merfach mit im verglichenen lateinischen *ála*, s. o.

3. Lateinisch: *oc-ca* gloss. Isidor. rastrum, davon *occare*. Pott (I, 231) stelt *occa* zu unserer wurzel, aber I, 143 will er es davon getrent wißen. L. Meyer (ztsch. VI, 222) ist der ansicht, daß es sich unmittelbar an *ὀξύς* an schließe, also *cc* auß *cs* assimiliert sei. Corssen (kr. beitr. 27) leugnet jedoch mit bestem rechte den übergang von *cs* in lat. *cc* und erklärt *occa* als wz. *oc* (*oc-ris*, *oc-rea* u. a.) mit suff. -*ca*. Mit ahd. *egjan*, *ekkan* ist es also nur wurzelverwant. *occa* ist wie *ὀξίνη* von den scharfen zänen benant.

ascia. Die Pottsche erklärung auß *ab+sec* oder *abs+ϛi* wird wol wenig anklang finden. Aber *ascia* kann auch nicht auß *acsia entstanden sein, wie Benfey (I, 162) an nimt, da der wechsel von *cs* zu *sc* von Corssen (kr. beitr. 31) mit recht in abrede gestelt wird. Ich erkläre es als entstanden auß *acs-cia und berufe mich hierfür auf das Plautinische *axicia* schere, in welchem durch den vocal das *cs* erhalten ist. *xc* war eine dem Römer unerträgliche lautverbindung, welche er einerseits zu *sc* vereinfachte (vgl. *miscere* für *migscere, *discere* für *dicscere, *Se(c)stius*, *se(c)scenti*, *se(c)scuplus*, *se(c)squipes* u. a.), andererseits durch einschub eines *i* milderte. So entstunden auß *ax-cia die beiden formen *ascia* und *axicia*. Man könte auch versucht sein *axicia* als die ältere bildung auf zu faßen, auß welcher dann durch schwund des *i* *axcia, *ascia* hervor gegangen wären. Doch halte ich diß für minder warscheinlich, weil ich nicht glaube, daß sich der Römer die außsprache eines so mundgerechten wortes wie *axicia* durch unterdrückung des *i* erschwert haben wird. Wegen der bedeutung vgl. *ἀξίνη* und *aɣizi*.

4. Litauisch: *asz-akà* gräte im fisch.
sza-kà ast, zinke (Bopp I, 149 sezt es = sk. *çâkha-s)*;
davon *száke* gabel.

22. Suffix -ta.

sk. *çâ-ta-s* sharpened = lat. *că-tu-s* = slaw. *ko-tŭ-ka* ancora = lit. *kó-ta-s* stil, *ká-ta-s* anker.

Für *cătus* weist Aufrecht (ztsch. I, 472) auß Varro (l. l. VII, 46) nach, daß die älteste bedeutung 'spitz, scharf' war; später wird es nur von der schärfe des geistes gebraucht und bedeutet schlau, listig, oder, nach der guten seite, weise, klug. Von *catus* komt *Cato*, wie *nasô* von *nasus*. Das deminutivum von *Cato* siht Schwabe (dem. 36) in dem von Zeuss (gramm. celt. I, 5 und 6) als keltisch au gesprochenen *Catullus*.

Das lit. *kótas* entspricht auch in der steigerungsstufe des wurzelvocals dem sk. *çâtas* (was bei *cătus* nicht der fall war) und hatte ursprünglich wol auch die selbe bedeutung. Das zu gespizte an einem werkzeuge, am obst u. a. ist die handhabe, der schaft, stil, und dise bedeutung allein blib dem worte. *Kátas* und das mit *-ka* weiter gebildete slawische *kotŭka* bezeichnen den anker nach den scharfen zänen. Pictet (orig. indo-europ. I, 133) stelt *kátas* zu einer wurzel sk. *çat'h*, *kat'h*, welche indes nach Westergaard in beiden gestalten unbelegt ist. Die bedeutungen, welche West. inen gibt, stimmen auch in keiner weise zu der von *kátas*.

Ganz parallel diser eben betrachteten reihe stehen mit schwächung des *a* zu *i*: sk. *çi-ta-s* thin, whetted = lat. *ci-tu-s* = lit. *kë̃-ta-s* hart. In *citus* hat sich der begriff der schärfe auf die schnelle bewegung beschränkt.

In lit. *kë̃-ta-s* ist, durch die schwächung von *a* zu *i* vermittelt, ein umschlag in die *i*-reihe und dann erste steigerung ein getreten. Die bedeutung 'hart' vermittelt sich leicht mit der grundbedeutung unserer wurzel.

Die noch übrigen bildungen mit suffix *-ta* folgen nach den sprachen an geordnet.

1. **Altbaktrisch:** *aç-tô* gesauter; es ist ein participium perfecti passivi von *aç (as'naoiti)* mit medialer bedeutung, einer der vor gedrungen ist, der (den ort der bestimmung) erreicht hat.

as-te-m geschoß, welches Justi von *aç* ab leitet, ist ein participium von *anh* (sk. *as*) werfen, da äußerst selten *s* für *ç = k* ein tritt, obwol *s* und *ç* vilfach mit einander wechseln. Aber *t* liebt gerade *ç* vor sich zu haben, es würde also kein *ç* vor sich in *s* wandeln.

2. **Griechisch:** ὀπ-τό-ς gesehen, sichtbar, davon: ὀπτικός zum sehen gehörig, ὀπτάζω, ὀπτείω sehen.

ἀκ-τή küste, dann überhaupt hervor ragender ort, z. b. altar, grabhügel. Curtius (II, 119) meint: daß ἀκτή zu ἄγνυμι gehöre, mache ῥηγμίν warscheinlich. Aber dann ist nicht ab zu sehen, wie es auch zur bezeichnung des altars und grabhügels verwant werden konte. Es bezeichnet die felsenspitzen am meresufer, dann überhaupt jede erhöhung, jede spitze (vgl. ἄκρος, ἀκρωτήριον).

3. **Lateinisch:** *ci-cû-ta* spricht Benfey unserer wurzel zu als 'ser scharfe pflanze'.

4. **Altbulgarisch:** *osŭ-tŭ* τρίβολος, genus spinae (vgl. ἄκανος u. a.).

5. **Litauisch:** *akú'tas*, meist plural *akú'tai*, hacheln der gerstenähre, gerstenspreu. Es ist ab geleitet von einem stamme *aka-* oder *aki-*, wie *asú'tas* gehenkelt von *asà*, *anglú'tas* kolschwarz von *anglìs* kole (s. Schleicher, lit. gr. s. 118). Da sich aber gar kein anhaltepunct dafür bietet, ob *aka-* oder *aki-* der zu grunde ligende stamm ist, so habe ich das wort hier ein gereiht, obwol es als secundäre bildung eigentlich nach maßgabe seines stamwortes ein zu ordnen war. Wegen der bedeutung vgl. got. *ahana*, lat. *acus*, ἄχνα.

kak-tà stirn, erker am hause; zu grunde ligt beiden bedeutungen der begriff des spitzen, hervor ragenden.

6. **Deutsch:** ahd. *hwas*, nord. *hvass* geschärft, scharf, d. i. **hvat-tha-s* (s. I. abschn.); im gotischen ist es nur in ab-

82 II. Stamformen.

leitungen überlifert: *hvassaba* heftig, *hvassei* heftigkeit, in denen das geschärftsein, wie in slaw. *osŭniniku*, auf das geistige gebiet übertragen ist (vgl. sk. *çi* excitare).

23. Suffix -*ti*.

1. Griechisch: *ὄπ-τι-ς* gesicht gestaltete sich einerseits nach bekantem lautgesetze zu ὄψις, andrerseits durch assimilation zu dem hesychischen ὄττις. Auß ὄψις ist wol das gleichbedeutende ὄψανον (Aesch. choeph. 530) gebildet. Es ist jedes falles eine mißbildung, wie Benfey (I, 229) erkant hat. Richtig hätte es *ὄπτανον zu lauten, da in ὄψις das σ nur dem folgenden ι seine entstehung verdankt.

2. Lateinisch: *côs*, stamm *cô-ti-* (Curtius I, 129; Pott I, 231). Es ist von wz. *ca* gebildet wie *dôs*, *dô-ti-*, von *da*. Anders Walter ztsch. XII, 379, s. u. *cautes*. Das suffix -*ti* hat sich im lateinischen, zufolge der mischung der *i*-formen und der consonantischen stämme, meist scheinbar zu *t* verkürzt (vgl. *mens, sors, gens, ars*). Es bildet unter anderem nomina agentis, z. b. *po-ti-s (im-po-ti-, com-po-ti-) super-sti-t-, sacer-dô-t-* u. a. (s. Schleicher, comp. s. 365). So ist auch *cô-ti-* der schärfende, unterscheidet sich also wesentlich von sk. *çânas*, altn. *hein*, slaw. *osla* (s. d.).

cau-te-s, stamm *cau-ti-*, fels, stein wird in der regel mit *côs*, *côti-* gleich gesezt; vgl. Pott I, 231; Curtius I, 129; L. Meyer, gr. I, 156; Benfey I, 164; Walter, ztsch. XII, 379. Benfey hat leichtes operieren, da er schon im sk. die wurzelform *çu* (mit echtem *u*, nicht schwächung auß *a*) an sezt. Walter nimt eine wurzel *kva*, *ku* für *côs* und *cautes* an; es bietet sich jedoch nirgends dafür ein sicherer anhalt. Man muß entweder an nemen, daß *cautes* nach einer falschen analogie gebildet ist, man hätte neben *côti-* die mißbildung *cauti-* gesezt, verleitet durch formen wie *plaudere* neben *plôdere*, *Claudius* neben *Clôdius*, *lautio* neben *lôtio* u. a. Oder es ligt hier eine mischung der *a*-reihe mit der *u*-reihe vor, wie z. b. in lit. *důti* geben, wz. *da*; *stůmů* körperwuchs, wz. *sta*; ζωμός suppe neben ζύμη sauerteig; got. *haubith* neben *caput; augô* neben ὀπή u a. Ich neige zu der lezteren anname, wage jedoch keine bestimte entscheidung, da die berürte erscheinung noch nicht in irem ganzen umfange genügend untersucht und fest gestelt ist..

3. **Altbulgarisch**: *os-tĭ* axis, davon *os-tĭ-nŭ* stimulus, aculeus. Die achse ist hier also deutlich nach den zu gespizten enden benant (s. o. *aks'as*).

4. **Litauisch**: Mit den eben erwähnten slawischen worten identisch sind *ak-s-ti-s* f. kleiner stock, an welchem fische zum räuchern auf gehängt werden, davon *ák-s-ti-na-s* oder *ak-s-ty'-na-s*, dorn, stachel. Das *s* ist zwischen *k* und *t* ein geschoben wie in *mók-s-tu* (s. Schleicher, lit. gr. s. 71). In *akstis* dem instrument zum aufspießen ist die grundbedeutung der schärfe nicht zu verkennen. Außerdem wird es durch *ákstinas* und die slawischen worte unserer wurzel gesichert.

24. Suffix -*tu*.

sk. *ak-tu-s* 1) salbe 2) liechte farbe, liecht, stral 3) dunkle farbe, dunkel, nacht. Kuhn (ztsch. I, 540) glaubt es in der lezten bedeutung entstanden auß *naktu*. Er weist im auß Rigv. 1. 36. 16 noch die bedeutung pfeil nach, und Rosen zu Rigv. 5. 1. 5. 5 gibt im die bedeutung stern. Die grundbedeutung ist jedes falles geschoß, stral, auß welcher sich die des liechtes ergibt (vgl. *açman*, ἀκτίς u. a., ahd. *strâla* stral = sl. *strěla* sagitta). Wie es zur bezeichnung der salbe und der nacht gelangt sei, ist mir unklar. Änlich wie *aktus* liecht und dunkel, bedeutet *çiti-s* weiß und schwarz.

25. Suffix -*tar*.

1. **Altbaktrisch**: Justi fürt an *akh-tar-a-* m. gestirn, welches er auß *ap-âkhtara-* 'one gestirn' erschloßen hat. Man könte auß disem compositum villeicht ein simplex *akh-tar-* erschließen, welches dann in der zusammensetzung in die *a*-

declination über getreten wäre; der stammaußlaut der nomina ist ja am ende von compositionen zum öfteren einer änlichen veränderung unterworfen. Aber selbst wenn das simplex wirklich *akh-tar-a-* ist, stekt in im das suffix *-tar*, wie in lat. *-tûro-* mit *a* vermert. *akh-tara-* oder *akh-tar-* ist demnach ein nomen agentis, der schießende, d. h. stralende (vgl. sk. *as-tar* schütz = ἀστήρ stern). Die aspiration des *k* ist durch das folgende *t* bedingt, wie in *ukhta* für *ukta* (wz. *vak* loqui).

2. Griechisch: ὀπ-τήρ schauer, späher (Benfey I, 229).

3. Lateinisch: *ci-ca-trix*? die narbe als scharfe, schmerzende? oder als zu genähte (vgl. ἀκέομαι, ἄκος)?

26. Suffix *-tra*.

Mit dem verwanten suffix *-tra*, welches das werkzeug bezeichnet, ist sk. *aç-i-tra-m* dieb gebildet, eigentlich 'werkzeug zur erlangung'. Da es neutrum ist, bezeichnet es den dieb gar nicht als person, sondern weg werfend als werkzeug, als sache.

Altbaktrisch: *as-tra* f.; die glossen erklären: scharfer dolch, und Justi leitet es daher von *aç*. Solte hier villeicht *s* für *ç* ein getreten sein? Es gibt allerdings beispile dises überganges, so *ris* für *riç* (Vend. I, 9 Westerg.), *vasaṅhê* tu désires, wz. *vaç* (comp. s. 53), vgl. aber das oben bei altb. *as--te-m* gesagte. Die bedeutung verlokt ser der Justischen erklärung bei zu treten, und es ist wol möglich, daß das wort durch die tradition entstelt ist.

Somit wären die bildungen der wurzel *AK* erschepft. Ich habe mich bemüht sie möglichst volzälig zusammen zu stellen und ab weichende ansichten, so vil ich deren habhaft werden konte, zu erwägen. Ebenso ser habe ich aber gestrebt nichts ungehöriges herein zu ziehen und zusammenstellungen, welche den lautgesetzen widersprechen, ab zu weren. Da unsere wurzel auß zweien der veränderlichsten laute besteht, so kann man noch bei vilen worten versucht sein sie der selben zu zu schreiben; wo indessen weder lautlich zwingende gründe vor lagen, noch auch die bedeutung unumstößlich den ursprung anß der selben legitimierte, habe ich es unterlaßen, da nur die strenge methodische forschung wert hat, subjective vermutungen aber taube nüße sind, die den anschein einer frucht haben, aber des kerns entberen. Leider habe ich viles zweifelhaft laßen müßen, da wir noch vil zu ser in den anfangsgründen der etymologie stehen, um überall eine sichere entscheidung treffen zu können.

Ab weichende ansichten sind, wie gesagt, nach möglichkeit berüksichtigt. Natürlich gestattete der raum nicht, alles zu erörtern, was Benfey (wz.-lex. I, 155—243) von unserer wurzel her leitet. Wer damit einverstanden ist, daß die wurzeln *paç*, *darç*, *aç* alle auf eine gemeinsame grundform *arç*, *rç* zurück gefürt werden, den verweise ich auf das Benfeysche werk. Ebenso wenig konte erwähnt werden, was Hupfeld (ztsch. VIII, 370 ff.) entdekt hat. Auf einem raum von fünf seiten bewerkstelligt er es, die wurzeln sk. *ak*, *ag*, *ag'*, *vak*, *vag*, *vag'*, *vah*, lat. gr. *pag*, *tag* nebst iren ableitungen zusammen zu werfen und allen den grundbegriff 'der bewegung um einen festen mittelpunct oder der oscillation' zu zu schreiben. Ab gesehen von allen lautlichen unmöglichkeiten, welche er der sprache zu mutet, scheitert diß unternemen schon daran, daß dem ältesten stadium des sprachlebens dergleichen begriffe wie 'oscillation' völlig fremd sind, im vilmer nur ganz concrete anschauungen zu kommen.

Schließlich sei noch darauf hin gewisen, daß ein teil der worte, welche hier als etymologisch zusammen gehörig dar getan sind, dise ire verwantschaft auch im mythus geltend gemacht haben. Der blitz *(açman, hamar)* und der adler *(aquila)*, welcher in trägt, das blizroß *(açvas)*, der wagen *(aks'as, axis)*, welcher den donnergöttern bei gelegt wird (Grimm, üb. d. namen d. donn. s. 321), das waßer *(ap, aqua)*, welches im gewitter mit dem blitze zur erde nider strömt, der dorn *(ἄκανος, athvatundi)* als verkörperung des blitzes, der menschliche geist *(ahma)* als außfluß des himlischen feuers, die schlange *(ὄφις)* als verkörperung des blizgottes, das auge *(aks'i, oculus, akıs)* als symbol der sonne, die stralen *(ἀκτίς, aktus)* der sonne und des blitzes, und die mannigfachen waffen, schleuderstein *(açman, açan)*, hammer *(açman, hamar)*, lanze *(αἰχμή)* u. a., welche als verkörperungen des blitzes und der sonnenstralen an gesehen werden, alle dise vorstellungen haben sich, wie Kuhn (herabkunft) gezeigt hat, zu einem mythenkreise verschlungen und betätigen ire verwantschaft auch in irem sprachlichen gewande. Wie sie alle von einer grundidee auß gestralt werden, so stammen auch ire lautlichen benennungen auß einer und der selben wurzel.

Alphabetisches verzeichnis der behandelten worte.

Sanskrit.*)
abhram 25
açan- 4, 76
açanas 73
açanis 76
açin- 78
âçîs 5, 58
açitram 84
açman- 4, 62 ff.
açmantakam 65 f.
açmantam 65 f.
açmaras 67
açnas 69 f.
açnâti 4
açnôti 4, 20
açram 51
açras 50
açris 56
açru 58
âçus 5, 40
açvas 4, 45
açvataras 45
agram 4
akam 4, 26
akras 4, 50
aks'- 25
aks'ag'am 31
aks'am 14, 30
aks'an- 14, 77
aks'as (achse) 14, 31 f.
aks'as (würfel) 14, 31
aks'ati 14, 20
aks'i 14, 38
aks'us 42
aktus 4, 83

amças 15, 18, 35
amçus 42
anaks'- 25
ap- 5, 24
çâjakas 44
çaljam 52
çâlus 53
çânas 10, 71
çanis 76
çaras 52
çarus 53
çâtas 10, 80
çiçiras 12, 52
çinôti 10, 19
çiris 53
çitas 80
cjati 5, 19
çûlas 52
iks'â 30
iks'akas 14, 78
iks'an'am 14, 73
iks'atê 14, 20
kâks'as 28
kat'hinas 16
kat'hôras 16
kat'us 16
ks'an'adâ 74
ks'an'am 73 f.
ks'atar- 32
ks'atrijas 32
kut'hâras 16
k'akatê 12, 20
k'aks'an- 17, 78
k'aks'an'am 17, 73
k'aks'an'is 76.

k'aks'as 58
k'aks'atê 17, 20
k'aks'u 42
k'aks'us 58
paraçus 11

Altbaktrisch.*)
âberet- 5, 25
açan- 5, 76
açanô 74
açisti- 40
açman- 5, 62 ff.
açpô 5, 45
açtô 81
âçus 5, 40
ăçus 42
aiwjâkhs'ajêinti 20
akem 5, 26
akhtar-, akhtara- 83 f.
âkô 26, 28
akus 5, 42
ap-, âfs 5, 24
âpa- 25
as'ô 31
as'an- 76 f.
as'i 14, 38
as'naoiti 5, 20
astem 81
astra 84
kamara 67
k'as' 21
k'as'an- 17
k'as'ânô 17, 74
k'as'man- 69
trikameredhem 67

---

*) Nach dem lateinischen alphabete angeordnet.

Griechisch.

αἶχλοι 10, 54
αἰχμή 6, 10, 61
ἄκαινα 74
ἀκακία 12, 44
ἄκανθα 74
ἄκανθος 74
ἄκανος 74
ἀκαχμένος 22
ἀκέομαι 59
ἀκή 6, 34
ἀκίς 39
ἀκμή 6, 61
ἄκμων 6, 62 ff.
ἀκόνη 74
ἀκόνιτον 74
ἄκος 59
ἀκοστή 6, 34
ἀκρέμων 50
ἀκριβής 57
ἄκρις 56
ἀκροᾶσθαι 50
ἄκρος 6, 50
ἀκτή 81
ἀκτίς 14, 78
ἄκχος 78 f.
*ἄκω 22
ἀκωκή 12, 35
ἄκων 6, 78
ἅμαξα 31
ἄνθρωπος 7, 26 f., 57
ἀξίνη 14, 75
ἄξων 14, 78
Ἀπία 6, 25
Ἀπιδανός 6
ἄπιον 6, 44
ἄπιος birnbaum 44
ἄπιος adj. 7, 25
ἄχνη 6, 73
ἄχρι 57
ἄχυρον 55
ἔγχος 18, 59
εἴσκω 14
ἐξαίφνης 75
ἐξαπίνης 75
Ἔπαφος 45
Ἐπειός 45
ἐχῖνος 6
Ζάκανθος 75
Ζάκυνθος 75
*ἦκος 59
ἵκκος 6, 45
ἴκρια 6, 54
ἰλλώπτω 21
Ἰξίων 14, 39
ἰπνός 7, 71
ἵππος, ἴππος 7, 45
-ισκο- 14
-ισκω 14
καλαῦροψ 52
καμάρα 67
κάμινος 10, 66
κῆλον 52
κίκυς 22
κικύω 22
*κίκω 12, 22
κίνδυνος 21
κινέω 21
κίνυμαι 10, 11, 21
κώνειον 72
κῶνος 10, 71 f.
κώνωψ 72
Μεσσάπιοι 6, 25
ὅβδην 7, 45
*ὄκι 38
ὄκκος 30 f.
ὀκρίβας 56
ὄκρις 6, 56
ὄκταλλος 14, 77
ὄμμα 69
ὀνοκίνδιος 21
ὀξίνη 14, 75
ὄξος 14, 59
ὀξύα 43
ὀξύς 14, 19, 43
ὄπεας 27
ὀπεύς 27
ὀπή 7, 26 f.
ὄπιον 34
ὀπιπεύω 35
ὀπίπης 12, 35
ὄπις 7, 38
ὀπός 33 f.
Ὀπούς 34
ὄππα 69
ὀπτάζω 81
ὀπταίνω 77
ὀπτεύω 81
ὀπτήρ 84
ὀπτικός 81
ὄπτιλος, ὀπτίλλος 55
ὀπτός 81
*ὄπτω 21
ὀπωπή 12, 35
Ὄσσα 44
ὄσσε, s. *ὄκι
ὀσσεύομαι 21
ὄσσομαι 21
ὅττις 82
ὀφθαλμός 14, 55
ὄφις 7, 48 f.
ὄψ 25 f.
ὄψανον 82
ὄψις 7, 82
παπταίνω 17, 78
πέλεκυς 11 ·
πτίλος 55
ὕπεας 27
Ὠγυγία 6
Ὠκεανός 6, 40
ὠκύς 6, 19, 40
ὠπάομαι 7
ὠπή 7, 26 f.
ὤψ 7, 25 f.

Lateinisch.

accipiter 41
acer, gen. acri 50
acer, gen. acris 7, 19, 56, 57
acerbus 57
acere 7, 22
acervus 58
acescere 23
acetum 23
acidus 23
acies 7, 44
aclis 55

acnua 73
acor 59
acuere 42
acūleus 42
acūmen 42
acupedius 19, 40, 41
acus, gen. aci 34
acus, gen. aceris 59
acus, gen. acus 7, 42
aemulus 8
agna 7, 73
âla 53
âlea 54
amnis 33
apex 8
Apina 8, 33
Apiola 8
apisci 8
aptus 8
Apuli 8, 33
aqua 7, 33
aquila 7, 49
aquilô 49
aquilus 49
Aquinum 7, 33
arista 60
as 39 anm.
ascia 79
axicia 79
axilla 15, 53
axis 15, 39
caecus 28 f.
caedere 11
câja 44
camera 67
carina 53
Catô 80
Catullus 80
catus 11, 19, 80
cautes 82
cicatrix 12, 84
cicûta 12, 81
ciêre 10, 11, 23
citus 11, 19, 80
cocles 56
côs 11, 82

culex 52
cuneus 11, 71 f.
curis 53
ecce 7
equus 7, 45
hispidus 11
imitari 8
suffix -ŏc-, -ăc- 41
occa 8, 79
ôcior 8, 19, 40, 41
ocrea 58
Ocresia 58
Ocriculum 58
ocris 8, 56
oculus 8, 56
*ocus 28
ômen 69 anm.
opinari 8
optare 8
optimus 8
oscillare 23
quiris 53
ripa 8
secare 11
triqueter 16, 54

Altbulgarisch.

kamina 66
kamna böhm. 66
kamy 11, 62 ff.
kosa 16, 36
kotŭka 11, 80
očĭce 9, 60
očĭko 9, 60
oćitŭ 9, 60
okno 9, 73
oko 9, 59
okŭnĭce 9, 73
osĭ 15, 39
osla 9, 50, 51
ostĭ 9, 83
ostĭnŭ 83
ostrije 51
ostrina 51
ostriti 51
ostrookŭ 50

ostrŭ 9, 50
osŭnĭnikŭ 75
osŭtŭ 81
uksusŭ russ. 59

Litauisch.

ákas 9, 26 f.
aky'las 38
ákintis 38
akìs 9, 38
áklas 9, 54
akmů' 9, 62 ff.
ákstinas 83
akstis 83
aků'tas 81
akvatà 40, 42
akvatùs 42
ànkaklé 18
apjèkti 9, 24
aszakà 80
aszarà 51
aszìs 15, 39
aszmů' 9, 68
asztrùs 9, 50, 51
aszutaí 45
aszvà 9, 45
atàkti 23
ekété' 9, 24
eké'ti 24
észmas 9, 61
iszaké'jęs 38
jĕszmas 9, 61
káminas 66
káklas 12
kaktà 12, 81
kátas 11, 80
kĕ́tas 10, 11, 80
kókas 12, 37
kótas 11, 80
szakà 11, 80
száké 80
uksúsas 59
ùpé 9, 44

Gotisch.

aha 9, 34 f.
ahana 9, 73

ahjan 34
ahma 9, 68 f.
ahś 9, 60
ahva 9, 33
aíhvatundi, *aíhvs 9, 45, 46
akeit 23
amsa 15
aqizi 9, 60
augô 26, 29 f.
aúhns 9, 69 f.
aúhuma 9, 61 f.
Cherusker 53
egjan 9, 35
Eresburg 53
háihs 28 f.
haírus 53
himin 11, 62, 64 f.
hôha 12, 37
hugs 12, 36 f.
hvass 16

hvassaba 16, 82
hvassei 82
*hvatan 24
hvôta 16
ôhteigô 47
saíhvan 9, 17
Ubii 33
uhteigs 47 f.
uhtvô 15, 47 f.

Althochdeutsch.

affa 33
affo 33
agana 73
ah 34
ahsa 15
ahsala 15, 53
âhtjan 35
ahtôn 35
achus 60

ekka 9, 44
ezih 23
hagan 75
hamar 11, 67 f.
himil 11, 65
huohili 38
hwezjan 16, 24
ofan 70 f.
phluoc 37
uohsana 15, 75
uohta 47 f.

Altsächsisch.

ëhu- 45, 46
hëbhan 65 anm.

Altnordisch.

hein 10, 11, 71 f
hvass 16, 19, 81
hvatr 17, 19
jôr 46